Huon de Saint-Quentin
Poète satirique et lyrique

José Porrúa Turanzas, S.A.
EDICIONES

Director General:
JOSÉ PORRÚA VENERO

Sub-Director General:
ENRIQUE PORRÚA VENERO

Director:
CONSTANTINO GARCÍA GARVÍA

Asesor literario:
BRUNO M. DAMIANI

stuðia humanitatis

Directed by
BRUNO M. DAMIANI
The Catholic University of America

Huon de Saint-Quentin
Poète satirique et lyrique
Etude historique et édition de textes

Arié Serper

studia humanitatis

Publication of this book has been made possible
by a grant from the Schönbrunn Endowment.

Publisher and distributor
José Porrúa Turanzas, S.A.
Cea Bermúdez, 10 - Madrid-3
España

Distributor for U.S.A.
Studia Humanitatis
1383 Kersey Lane
Potomac, Maryland 20854

Printed in the United States of America
Impreso en Los Estados Unidos

Cea Bermúdez, 10 - Madrid-3
Ediciones José Porrúa Turanzas, S.A.

Table des matières

Introduction

Dans ses *Sources de l'histoire de France*, t. III, No. 2395, A. Molinier mentionne, à propos de la cinquième croisade, le poème intitulé *La complainte de Jérusalem*, dirigée contre le légat Pélage et l'Eglise romaine. Molinier date la pièce de 1223, l'attribue à un auteur picard et "peut-être de Saint-Quentin", et ajoute, en guise de référence, l'*Histoire littéraire de la France*, t. XXIII, p. 414–416[1] ainsi que l'étude de Gaston Paris, qui, dans *Romania*, 19, p. 294–296, propose de l'attribuer à Huon de Saint-Quentin et de la dater de 1221.[2]

Parmi les historiens contemporains seul, ou presque, Paul Rousset consacre à peine cinq lignes au poète Huon de Saint-Quentin, qui, lors de la défaite des croisés, avait rimé deux poèmes dans lesquels il lance des invectives contre Rome, contre Pélage et contre les croisés qui rentrent en France

---

[1] Voir aussi *Histoire littéraire de la France*, t. XXIII, p. 621.

[2] Il s'agit de l'article de Gaston Paris, "L'auteur de la *Complainte de Jérusalem*", dans *Romania*, 19, 1890, p. 294–296. Cet article donne également l'édition de *Jerusalem se plaint et li pais*.

et abandonnent leurs compagnons prisonniers. L'historien traduit même une vingtaine de vers du poème mentionné.[3] Quant au *Dictionnaire des lettres françaises - le moyen âge*, l'on y trouve Hue de Saint-Quentin traité de "poète inconnu", mais qui est bien l'auteur d'une pastourelle, d'un serventois et d'une *Complainte de Jérusalem contre Rome*, laquelle compterait plus de vingt strophes "non-lyriques". Dans ses deux derniers poèmes, nous dit le *Dictionnaire*, composés en 1221, après l'échec de la cinquième croisade, le poète lance des invectives avec une "élégance passionnée" contre ceux qu'il considère comme responsables de cet échec, en premier lieu contre le légat pontifical et les prélats de l'Eglise romaine. Le poète n'épargne nullement les croisés qui regagnent la France sans se soucier de leurs compagnons captifs.[4] L'auteur de l'article ajoute comme référence le *Grundriss der romanischen Philologie* de Gustav Gröber ainsi que l'ouvrage bien connu de Joseph Bédier et Pierre Aubry.[5]

Les échecs répétés des croisades en Terre sainte, pendant tout le XIIe siècle et au début du XIIIe siècle, provoquèrent de nombreuses déceptions en Europe occidentale. L'on commença à s'interroger sur les causes de cet échec. Cette préoccupation se reflète, entre autres, dans la littérature satirique en langue d'oïl. (Nous laisson de côté les attaques, certes plus nombreuses encore, que l'on trouve dans la littérature en langue d'oc. La question a étét traitée ailleurs).[6]

Pourquoi ces expéditions onéreuses, entreprises à l'instigation de l'Eglise, approuvées par Dieu, résultèrent-elles le plus souvent dans la défaite de la Croix et dans le triomphe continu de l'Islam? Depuis la reprise de Jérusalem par Saladin,

---

[3] Cf. Paul Rousset, *Histoire des croisades*, Paris, Payot, 1957, p. 242–243.
[4] Cf. G. Muraille, dans *Dictionnaires des lettres françaises - le moyen âge*, Paris, Fayard, 1964, p. 382.
[5] Cf. Notre *Bibliographie*.
[6] Cf. Palmer A. Throop, "Criticism of Papal Crusade Policy in Old French and Provençal", dans *Speculum*, 13, 1938, p. 379–412.

en 1187, l'Eglise répondait: *peccatis exigentibus,* ce qui devint l'excuse, ou l'explication la plus répandue, le point d'appui des apologistes des croisades. C'est cet argument d'ailleurs qui avait déjà servi à Bernard de Clairvaux, dans son *De Consideratione,* pour expliquer l'échec de la deuxième croisade.[7]

Au fur et à mesure que les échecs s'accumulent, l'on trouve, d'une part, de plus en plus fréquemment, des *excitatoria* à la croisade, et, d'autre part, une expression de plus en plus nette de l'opposition à la manière dont la papauté et ses représentants entendent diriger les opérations. Dès lors que Constantinople est prise et l'Empire latin créé, une certaine opinion commence à prévaloir quant aux véritables intentions de la politique pontificale. En tout cas, des soupçons naissent. L'échec de la cinquième croisade, en 1221, contribue à répandre ces soupçons.

Cette expédition avait pourtant bien commencé, par la prise de Damiette, mais les croisés perdront bientôt cette cité importante. Le cardinal Pélage, légat du pape, fit décider, malgré l'avis de Jean de Brienne, roi de Jérusalem, la marche en avant, sans attendre les renforts promis par l'empereur Frédéric II pour tenir Damiette. Les continuateurs de Guillaume de Tyr racontent comment toute l'armée croisée, composée de mille chevaliers, cinq mille sergents à cheval et quarante mille fantassins, remonta la rive droite du Nil.[8] Le 24 juillet 1221, elle arrive devant la forteresse d'El-Mansourah que le Sultan venait de faire construire et devant laquelle il campait avec toute son armée et sa flotte. Le Sultan offrait pour la reddition de Damiette des conditions assez favorables aux croisés. Pélage les fit refuser. Alors les Sarrasins attaquèrent le camp des Chrétiens et le bombardèrent avec des machines de siège; en même temps des nuées de Bédouins paraissaient sur les deux rives du Nil. L'armée chrétienne se trouvait envelop-

---

[7] Voir dans Migne, *Patrologie latine,* t. 182, col. 741.
[8] Continuateurs de Guillaume de Tyr, éd. De Mas Latrie, XXXI, 10–12.

3

pée et coupée de Damiette. Une retraite qui se changea en déroute commença tandis que le Sultan faisait ouvrir les écluses et inondait la plaine. Jean de Brienne prit sur lui de sauver l'armée chrétienne en traitant avec le Sultan et il dut acheter sa retraite en rendant aux Sarrasins la ville de Damiette. En quelques heures, tous les résultats de la croisade s'étaient évanouis.[9]

Nombreux furent ceux qui attribuèrent cette défaite au légat du pape, dont la conduite irresponsable et les querelles avec les seigneurs laïcs prêtèrent à critiques et discussions. Le poète Huon de Saint-Quentin compose sa *Complainte de Jérusalem* peu après le désastre de Damiette, en 1221, et non en 1228, comme l'affirmait Achille Jubinal,[10] ni en 1214, date avancée par Gaston Paris,[11]—qui fut portant le premier à reconnaître que la *Complainte* a "certainement été composée à Saint-Quentin"—(précisons, quant à nous, en disant: par un poète originaire de la région de Saint-Quentin).[12]

Huon attribue l'entière responsabilité de l'échec de Damiette à l'Eglise et précise, comee nous aurons l'occasion de le constater en détails, que la cause fondamentale en est la convoitise du clergé. Il affirme avec poigne que le légat pontifical a trahi Jean de Brienne, chef séculier de l'expédition. A son avis, le légat est entièrement responsable de la perte de Damiette.

Cette conduite inadmissible du représentant du pape a soulevé un tollé d'indignation. Les opinions de Huon de Saint-Quentin à ce sujet concordent avec celles de plusieurs autres poètes contemporains, notamment Moniot, Gautier de Coinci et Guillaume Le Clerc de Normandie :

Le dénommé Moniot, dont trois pièces ont été éditées

---

[9] *Ibid.*, XXXII, 15–17.
[10] Dans *Rapport à M. le Ministre de l'Instruction Publique, suivi de quelques pièces inédites tirées des manuscrits de la bibliothèque de Berne*, Paris, Librairie spéciale des Sociétés Savantes, 1838, p. 57.
[11] Dans *La litterature française du moyen âge*, Paris, Hachette, 1888, p. 156.
[12] La question sera traitée plus loin, v. ci-dessous, p. 105, n. aux v. 277–278.

par Jeanroy et Langfors, nous donne, dans *Bien mostre Dieus apertement*, l'une des invectives les plus virulentes qui aient été fulminées contre le clergé, accusé de dissolution, de cupidité et de simonie. Le premier couplet fait allusions aux revers éprouvés en Languedoc par Amauri de Montfort qui, après avoir perdu le Biterrois et l'Albigeois, en 1219, fut réduit à offrir au roi Philippe-Auguste ce qui lui restait de ses conquêtes, en 1222. Cette datation est confirmée au deuxième couplet :

> Trop vit clergiez desloiaument;
> Par tot lo mont voi Deu traïr;
> Sa grant besogne fist perir
> Outre mer, n'a pas longement,
> Que nostre haut conquirement
> Fist tot en perte revertir.
> Encore m'en met ou jugement
> Au boen roi qui n'en doit mentir,[13]

par l'allusion à la chute de Damiette, survenue le 8 septembre 1221, et attribuée aux ingérences du clergé et à ses dissensions avec les chefs laïcs de la croisade. Aux deux derniers vers cités, l'auteur s'autorise d'un propos qu'aurait tenu sur ce sujet ''le bon roi,'' c'est-à-dire sans doute Philippe-Auguste (mort le 14 juillet 1223).

Quant à Gautier de Coinci, il écrit dans sa *Vie de sainte Léocade*:

> Li chardonal sont les coignies
> Dont affrontee est seinte Iglise,
> Tant par sont plein de covoitise,
> Et de tot penre si tres aigre,
> Que le cras vuelent et le maigre,
> Et les croutes et la miete,
> Bien i parut a Damiete:
> Li chardonax, li roges Diex,
> La nos toli, ce fu grant delz.[14]

---

[13] Cf. A. Jeanroy et A. Lângfors, *Chansons satiriques et bachiques du XIIIe siècle*, Paris, 1921, p. 10.

[14] Gautier de Coinci, *De sainte Léocade*, éd. E. Vilamo-Pentti, Helsinki, 1950, v. 908–916.

Le troisième de ces poètes, Guillaume le clerc de Normandie, dit en substance dans *Le besant de Dieu*:

2547 Por un legat qui governot
L'ost des crestïens e menot,
Ceo dist aucun, en verité
Perdimes nus cele cité
E par folie e par pecchié.

2552 Bien nus deit estre reprochié,
Car, puis que clerc a la mestrie
De conduire chevalerie,
Certes, ceo est contre dreiture,

2556 Mes alt li clers a s'escripture
E a se psaumes verseiller
E lest aler le chevaler
A ses granz batailles champels

2560 E il seit devant ses autels
E prit por les combateors
E assoile les peccheors.
Mult deüst estre Rome mate

2564 De la perte de Damiate.[15]

("A cause d'un légat qui gouvernait et menait l'armée des Chrétiens, chacun dit en vérité que nous avons perdu cette cité (Damiette) par la folie et par le péché. Cela doit bien nous être reproché. Car, lorsqu'un homme d'Eglise prend la conduite de la chevalerie, voilà bien un fait qui devrait être certainement interdit par la loi. Que le clerc s'en tienne à réciter à haute voix ses Ecritures et ses Psaumes et qu'il laisse donc le chevalier aller au champ de bataille. Qu'il demeure devant son autel à prier pour les combattants et les pécheurs. Rome devrait se considérer comme très humiliée par la perte de Damiette").

Il résulte de ce passage que l'on répugnait déjà au contrôle exercé directement par le pape sur l'armée. En effet, en

---

[15] *Le Besant de Dieu* de Guillaume le clerc de Normandie, éd. Pierre Ruelle, Ed. de l'Université de Bruxelles, 1973, v. 2547–2564.

insistant sur la distinction ancienne entre les devoirs du prêtre et ceux du guerrier, Guillaume semble affirmer que leur confusion est contraire à la loi canon.

Il y a donc en France une opinion publique naissante, qui commence à se méfier de la politique ecclésiastique à l'égard de la croisade.

Cette méfiance se renforce considérablement lors de la croisade contre les Albigeois. A l'instar des poètes du Midi, dont la colère est compréhensible à la vue d'une guerre sainte en France même, les poètes d'oïl n'hésitent pas, eux non plus, à condamner l'entreprise albigeoise et à la traiter de trahison à l'égard de la foi et de Dieu. Il n'y a pas lieu de douter de ce témoignage: après tout, les Français du Nord ont tiré pas mal de bénéfices de cette croisade.

L'une des premières protestations contre la guerre sainte dans le Midi de la France, en poésie d'oïl, émane justement du vigoureux poème de Moniot (cité plus haut). Le poète se réfère aux défaites d'Amauri de Montfort, fils du "détesté" Simon, mentionne ses défaites de 1219 comme la preuve évidente que la croisade allait à l'encontre de la volonté divine:

Bien mostre Dieus apertement
Que n'ovrons mie a son plaisir,
Quant si vilment nos lait honir
En Albigois, ou a tel gent
Qui de nului se defent
Qui en chanp les puisse tenir.
Or i sunt mort nostre parent,
Et nos font la terre gerpir.

(Ed. citée, p. 10, v. 1–8).

De même, Guillaume le clerc de Normandie exprime des doutes semblables. Il se demande, aux vers 2485–2490 du *Besant de Dieu*, ce que Dieu dirait aux chevaliers Français partis pour cette croisade, dont beaucoup étaient en état de péché au moins aussi grave que ceux contre qui ils allaient combattre.[16]

---

[16] *Ibid.*, p. 133.

7

Dans un passage précédent, Guillaume avait déjà tancé la papauté, disant, en substance:

2387   Rome ne deit pas, ceo m'est vis,
Se un de ses fiz ad mespris
E voille faire adrescement,
Enveeir sus lui erraument

2391   Son greinor fiz por lui confondre;
Mult le deüst anceis somondre
E blandir e amonester
Que faire son regne gaster.

2395   Quant Franceis vont sor Tolosans,
Qu'il tienent a popelicans,
E la legacie romaine
Les i conduit et les i maine.

2399   N'est mie bien, ceo m'est a vis.[17]

("Rome ne doit pas, ce me semble, si l'un de ses fils tombe dans l'erreur et désire se racheter, envoyer contre lui son fils aîné le confondre. Elle devrait plutôt l'exhorter, lui parler doucement, le conseiller, que de dévaster son pays. Quand les Français se ruent sur les Toulousains, qu'ils considèrent comme des hérétiques et que le légat romain les y conduit et les y mène, cela n'est guère bien, à mon avis").

Notons qu'en même temps qu'il exprime son désaccord avec l'usage de la force contre les Albigeois, Guillaume le clerc manifeste sa désapprobation de ce que l'on confie le commandement de l'armée à un légat du pape—tout comme il le fera, nous l'avons vu, au sujet de la perte de Damiette en Egypte. Il est vrai, en outre, que le contrôle direct de la papauté sur l'armée était plus évident pendant la croisade contre les Albigeois, avant que le roi de France n'assume lui-même le commandement effectif.

Pareilles protestations—nous le verrons—seront lancées contre la politique pontificale à l'égard des croisades par Huon

---

[17] *Ibid.*, p. 131.

de Saint-Quentin, qui pense que les idéaux de la croisade se trouvent trahis par la guerre menée contre les hérétiques en Europe.

Que ces critiques, exprimées en langue d'oïl, représentent l'opinion d'une masse assez étendue, la preuve en a été administrée par le témoignage de Roger de Wendover, moine de Saint-Albans, écrivant peu de temps après la prise d'Avignon, en 1231.[18]

Il semble bien qu'une grande partie de cette critique, dans le Nord, ait été inspirée par des convictions morales plutôt que par des mobiles politiques. Les Français du Nord n'eurent pas à souffrir de la croisade albigeoise et pourtant, Guillame le clerc de Normandie nous paraît révéler l'existence d'une mentalité outragée par l'emploi de la force à la place de la persuasion, dans la lutte contre l'hérésie. Il n'y a pas de raison de douter de son intégrité morale, ni de celle d'un Gautier de Coinci ou d'un Huon de Saint-Quentin.

---

[18] Voir H. G. Hewlett, préface à *Flores Historiarum* (Rolls Series, 84, Londres, 1886) I, vii.

9

La cinquième croisade

La dispute entre le légat du pape et le roi de Jérusalem pour le commandement de la cinquième croisade, à laquelle trouvères et troubadours font d'abondantes allusions dans leurs oeuvres et où ils n'hésitent point à prendre position, semble constituer la plaque tournante de cette expédition militaire des chrétiens en Egypte.

Aussi, pour mieux mettre en évidence les opinions d'un poète comme Huon de Saint-Quentin, du moins dans ses deux chansons de croisade, et à travers elles tenter de comprendre une mentalité qui est en train d'évoluer, nous a-t-il paru utile de reprendre le récit des événements. Huon de Saint-Quentin—nous aurons encore l'occasion de le voir—semble très au courant de la plupart des agissements des deux partis en présence dans le camp chrétien, celui du cardinal Pélage et celui de Jean de Brienne.[1]

---

[1] Principales sources consultées : A. Albéric Des Trois Fontaines, *Chronicon*, dans *Recueil des Historiens de la France (RHF)*, t. XVIII, Paris, 1869.

B. Jacques de Vitry, qui, après avoir prêché la croisade contre les Albigeois, fut élu évêque d'Acre, en 1216, et prit part à la Cinquième Croisade. La réunion de ses *Epistolae* forme une histoire très complète de cette Croisade. Ed.

Ce dernier avait repris, à un moment donné, un vieux projet déjà caressé par Richard Coeur de Lion, puis par la quatrième croisade et peut-être aussi par lui-même depuis 1211: il pensa à attaquer le sultan en Egypte même pour le contraindre à lâcher prise en Syrie. Aucun autre souverain chrétien n'étant alors présent dans la région, le roi de Jérusalem fut facilement reconnu comme chef de l'expédition et on lui promit la souveraineté des conquêtes qui seraient effectuées.

La flotte franque se mit donc en route depuis Acre, le 24

Reinhold Röhricht, dans *Zeitschrift für Kirchengeschichte*, XIV, p. 97–118; XV, p. 568–577; XVI, p. 72–144, 1894–1896.

C. Olivier Le Scolastique, chanoine de Paderborn, a prêché la Croisade, à la suite du concile de Latran de 1215. Puis, il résida en Palestine et en Egypte, de 1216 à 1221. Son *Historia Damiatana* et ses *Epistolae X*, qui forment toute une histoire de la Cinquième Croisade, puisqu'elles vont de 1212 à 1221, ont été réunies par Reinhold Röhricht, dans *Westdeutsche Zeitschrift für Geschichte und Kunst*, X, 1891, p. 169–208, puis par Hermann Hoogeweg, dans *Bibliothek des Literarischen Vereins*, CCII, Tübingen, 1894, p. 285–316.

D. *Gesta obsidionis Damiete*, éd. R. Röhricht, dans *Scripta Minores*, Genève, 1879.

E. *Historica Diplomatica Frederici Secundi*, éd. J. Huillard-Bréholles, 6 vols., Paris, 1852–1861.

F. *Testimonia minora de quinto bello sacro, e chronicis occidentalibus*, éd. R. Röhricht, dans *Publications de la Société de l'Orient latin*, série historique, III, Genève, 1882.

G. La *Chronique d'Ernoul et de Bernard le Trésorier*, éd. L. de Mas Latrie, Paris, Société d'Histoire de France, 1871.

H. *L'Estoire d'Eracles*, dans *Recueil des Historiens des Croisades (R.H.C.) Occidentaux*, II, Paris, 1859.

I. *L'Histoire des Patriarches d'Alexandrie relatifs au siège de Damiette*, traduite par E. Blochet, dans *Revue de l'Orient latin*, XI, Paris, 1908.

J. *La prise de Damiette en 1219*, relation en ancien provençal, éd. Paul Meyer, dans *Bibliothèque de l'Ecole des Chartes*, XXXVIII, p. 497–571.

Auteurs secondaires : Louis Bréhier, *L'Eglise et l'Orient au moyen âge : les croisades*, 5e éd., Paris, 1928.

Joseph P. Donovan, *Pelagius and the Fifth Crusade*, Philadelphia, University of Pennsylvania Press, 1950.

René Grousset, *Histoire des Croisades et du royaume franc de Jérusalem*, 3 vols., Paris, 1936.

Jean Richard, *Le royaume latin de Jérusalem*, Paris, 1952.

Paul Rousset, *Histoire des croisades*, Paris, Payot, 1958.

Steven Runciman, *History of the Crusades*, t. 3, Cambridge, 1958.

mai 1218 et, prenant les Egyptiens complètement par surprise, elle put arriver sans encombre dans le Nil, devant Damiette, le 27 mai 1218. Mail il fallut trois mois à l'armée chrétienne pour forcer le passage du Nil: la Tour de la Chaîne, qui en défendait l'entrée, résista à tous les efforts des Francs, aux bateaux transformés en tours flottantes qui cherchaient à l'aborder. C'est toutefois par ce moyen, le 24 août 1218, que la Tour finit par tomber, malgré sa situation insulaire: une de ces tours flottantes l'accosta et jeta une passerelle volante par laquelle une troupe de Frisons prit pied sur l'étage supérieur de la Tour. Non seulement un des éléments des défenses du grand port égyptien était tombé, mais ainsi il devint impossible aux Musulmans de tendre en travers du Nil les lourdes chaînes qui empêchaient l'escadre franque de remonter le fleuve: le sultan al-'Adil mourut de douleur à cette nouvelle. Il fut en effet impossible aux Egyptiens de remplacer cette défense: digue en travers du fleuve, estacades de navires chargés de pierres, rien n'y fit, car les Francs recreusèrent un ancien canal qui tourna les nouveaux obstacles. Leur flotte était désormais maîtresse du Nil.

Les deux fils du sultan lui succédèrent, respectivement l'aîné, al-Kamil, en Egypte et le cadet, al-Mu azzam, en Syrie.

C'est à ce moment que se place l'arrivée en scène du cardinal Pélage. La défaite des musulmans s'avérait moins complète et moins totale que le sultan décédé ne l'avait craint. Si les chrétiens avaient poursuivi le mouvement et attaqué tout de suite Damiette, la ville aurait pu être conquise sans trop de peine. Mais après la prise de la Tour, le 24 août, et le retour en Europe d'un grand nombre de Frisons, il fut décidé d'attendre des renforts, notamment la fameuse expédition que le pape Honorius III essayait depuis longtemps de mettre sur pied. En fin de compte, le pape fut à même d'équiper une flotte, au prix de vingt mille marks d'argent, pour transporter les troupes qui étaient en attente à Brindisi depuis plus d'un an. Il nomma à leur tête Pélage, cardinal de Sainte Lucie.[2]

Vers la même époque, deux seigneurs français, le comte Hervé de Nevers et Hugues de Lusignan, comte de La Marche, négocièrent avec les Gênois l'affrêtement de navires pour transporter en Orient des croisés français et anglais. Les comtes furent rejoints à Gênes par Guillaume II, archevêque de Bordeaux et par les évêques de Paris, de Laon et d'Angers, par les comtes de Chester, d'Arundel de Derby, de Winchester ainsi que par des seigneurs de moindre importance. Le pape nomma le cardinal de Courson comme chef spirituel de cette flotte.[3] Le malheur voulut que ce dernier mourût peu de temps après. A en croire la *Chronique d'Ernoul*: "Li cardinals Robiers i fu mors, e li cardinals Pelages vescui, dont ce fu grans domages et mout il fist du mal".[4]

Le cardinal Pélage et son expédition arrivèrent au camp des Chrétiens à la mi-septembre 1218.[5] Hautain, emporté, ambitieux à l'extrême, l'espagnol Pélage était un homme d'une grande puissance de travail, ayant derrière lui une importante expérience d'ordre administratif. Mais il semble avoir été totalement dépourvu de tact. Ses services avaient déjà été utilisés auparavant, dans la tentative de solution de la question des Eglises grecques dans l'Empire latin de Constantinople, ce qui, d'ailleurs, avait abouti à renforcer encore l'hostilité de ces Eglises à l'égard de Rome. Dès son arrivée à Damiette, la discorde éclata. Il revendiqua la direction de la croisade à lui

---

[2] Olivier, *Historia Damiatana*, éd. citée, p. 186. et Albéric des Trois-Fontaines, *op. cit.*, p. 788.

[3] Il n'est pas certain que Robert de Courson ait été nommé légat pontifical, au même titre que Pélage. J. Richard, *op. cit.*, p. 178, l'affirme; ce n'est point l'avis de J. Donovan, *op. cit.*, p. 46–49.

[4] Ed. citée, p. 417.

[5] Selon L. Bréhier, *op. cit.*, p. 193–194, cette arrivée se situe au printemps 1219.

13

tout seul, en tant que légat pontifical, malgré le fait que la tête des opérations avait été confiée, depuis quelque temps déjà, à Jean de Brienne.

Toutefois l'armée franque restait campée sur la rive occidentale du fleuve, sans pouvoir passer sur la rive orientale où se trouvait la ville de Damiette et où s'était installée la force militaire du nouveau sultan al-Kâmil. Le 9 octobre 1218, ce dernier essaya d'attaquer la camp des croisés; un simple escadron franc commandé par Jean de Brienne surprit les Musulmans en train de débarquer de leurs navires et de déboucher d'un pont qu'ils venaient de lancer. Jean de Brienne jeta les fantassins au Nil et la cavalerie égyptienne ne put franchir les fossés creusés en avant du camp, selon la tactique habituelle des Francs. De nouvelles tentatives tant des Francs pour passer sur la rive orientale que d'al-Kâmil pour occuper la rive occidentale échouèrent. Un hasard permit aux chrétiens de réussir ce passage sans coup férir: une conspiration contre le sultan amena celui-ci à s'enfuir vers Le Caire et l'armée, prise de panique, se débanda. A leur grande surprise, les Francs purent occuper le camp musulman et y faire un grand butin (5 février 1219). Malgré l'arrivée du sultan de Damas, qui vint renforcer l'armée de son frère al-Kâmil, et la reconstitution de celle-ci, le siège de Damiette proprement dit commençait.

Ce fut alors que les Musulmans, prêts à tout pour écarter la menace qui pesait sur l'Egypte, offrirent à Jean de Brienne de lui céder la Palestine en échange de la levée du siège de Damiette. Jean, ainsi que les barons syriens, était très favorable à ce projet, mais il n'avait plus le commandement incontesté de l'armée. Il s'était créé tout un parti favorable au légat pontifical et c'est à cette occasion que cette double direction des opérations commença à montrer ses funestes effets: la plupart des croisés (sauf les Français), surtout les Italiens et les Ordres religieux suivirent le cardinal quand celui-ci fit rejeter le projet d'accord, proposé par les envoyés d'al-Kâmil et déjà accepté par le roi Jean. Pour Pélage, comme pour les Croisés nouveaux venus, la prise de Damiette ne devait pas être simplement la prise d'un gage destiné à être échangé contre la Terre sainte, mais le début de la conquête de l'Egypte entière. Ainsi, les envoyés du sultan furent-ils renvoyés, et même l'offre d'un tribut annuel ajouté aux propositions précédentes fut repoussée.[6]

Cependant le siège de Damiette s'avérait fort pénible: les assiégés résistaient au bombardement continuel des machines de siège comme à la famine menaçante et aux assauts francs: celui qui fut tenté le 8 juillet échoua. En effet les Musulmans de la ville n'avaient qu'à prévenir le sultan des attaques pour que l'armée d'al-Kâmil, campée à peu de distance des Francs, vînt attaquer ceux-ci à revers. Malgré Jean de Brienne, on décida d'assaillir les Musulmans, le 29 août 1219. Le camp du sultan fut enlevé sans peine, mais les Croisés n'osèrent pas s'y maintenir et la retraite fut désastreuse. Les Egyptiens crurent pouvoir profiter de cet échec pour négocier à nouveau: ils offrirent encore de rétrocéder tout le royaume de Jérusalem et même de faire reconstruire les forteresses qu'ils avaient rasées. Pélage refusa de nouveau. D'ailleurs ses troupes augmentaient encore: en septembre 1219 des barons, anglais surtout, venaient renforcer l'armée de la Croisade. Damiette, épuisée, ne se défendait plus qu'à peine, et le 5 novembre 1219, la ville fut prise d'assaut, presque sans résistance. La citadelle elle-même se rendit à Balian de Sidon (le gouverneur de la ville appartenant à une famille musulmane originaire de la seigneurie de Sidon ne voulut traiter qu'avec celui qu'il regardait comme son seigneur). Malgré sa double enceinte, ses trente-deux grosses tours et ses innombrables tourelles, la grande cité commerçante, rivale d'Alexandrie, n'avait pu résister à un siège prolongé.[7]

[6] J. Richard, *op. cit.*, p. 179.
[7] Albéric des Trois-Fontaines, éd. cit., p. 908.

Les chrétiens, entrant dans Damiette, furent accueillis par des scènes d'horreur qui dépassaient tout ce qu'on avait raconté juste avant la fin du siège. Des quelque quatre-vingt mille habitants qui s'y trouvaient encore assiégés, en février 1219, seuls trois mille étaient demeurés; ceux-ci étaient beaucoup trop affaiblis et incapables même d'enterrer leurs morts.[8] Sur ces trois mille, l'armée garda trois cents qu'elle allait utiliser comme otages et vendit les autres comme esclaves, à l'exception des enfants que les prélats baptisèrent de force et qu'ils confièrent à la garde des autres Chrétiens.[9] Bien que les chefs de l'armée aient pris des dispositions précises pour la distribution du butin énorme (or, argent, bijoux, soieries, riches ornements et même denrées alimentaires), les menaces d'excommunication promulguées par le légat ne purent contenir la rapacité de la plupart des vainqueurs.[10]

Pour la première fois, les Francs prenaient pied en Egypte, et ce fait eut un énorme retentissement tant dans l'Islam que chez les Chrétiens d'Orient. D'autant plus qu'en Syrie al-Mu'azzam n'avait pas réussi à obtenir de grands succès: si une chevauchée franque dans la plaine d'Esdrelon s'était terminée par l'échec de Caymont (29 août 1218), si les

---

[8] Olivier, *op. cit.*, ch. 37, p. 236, affirme que le nombre des morts, depuis le début du siège, s'élevait à quatre-vingt mille, mais au ch. 33, p. 229, il avait donné le chiffre de plus de trente mille. Quant à l'*Histoire des patriarches d'Alexandrie*, tr. cit., p. 255, elle affirme: "Les gens dont on peut croire les assertions affirment que les portes de Damiette s'étaient fermées sur 46.000 personnes, en ne tenant compte ni des femmes ni des enfants". Pélage croyait qu'il y avait sur place 45.000 hommes armés, au début du siège, et 15.000 femmes en enfants, *Epistola* du 10 novembre 1219 d'Olivier, éd. citée, p. 42. Selon la *Gesta obsidionis*, éd. citée, p. 87, le sultan laissa à Damiette 50.000 hommes armés pour défendre la cité, ainsi que 20.000 autres habitants, femmes et enfants exceptés.

[9] Cf. Olivier, *op. cit.*, ch. 37, p. 236. Selon Jacques de Vitry, *Epistola VI*, éd. citée, p. 77–79, Trois mille furent trouvés en vie, on en garda quarante comme otages et les autres, à l'exception des enfants, furent vendus en esclavage, étant donné que l'armée ne pouvait pas les nourrir.

[10] Cf. Jacques de Vitry, *ibid.*, p. 78 et Olivier, *op. cit.*, ch. 32, p. 226 et ch. 39, p. 239–240. De même, *Gesta obsidionis*, éd. citée, p. 114.

Gênois n'avaient pu défendre Césarée dont, après l'évacuation de la population sur leurs navires, les Musulmans avaient détruit les murailles récemment élevées, deux tentatives de ces derniers contre la nouvelle forteresse de Châtel-Pèlerin s'étaient révélées infructueuses. Et, pour que les Francs consentent à évacuer l'Egypte, les Musulmans considéraient déjà la Palestine comme perdue, à tel point qu'ils avaient commencé par y détruire toutes les forteresses: le Toron, Panéas, Beauvoir, Saphet et même le Thabor avaient été démantelées. Jérusalem même, objet d'une intense colonisation judéomusulmane depuis 1187, fut sacrifiée à son tour: al-Mu'azzam en rasa les murailles, à l'exception de la Tour de David, au milieu de la panique qui saisissait la population.[11] Plus encore, l'effroi des fils d'al-'Adil était tel qu'ils avaient offert aux Francs, en échangeant la Palestine contre la levée du siège de Damiette, de payer la reconstruction des fortifications qu'ils venaient de détruire. Ils n'envisageaient que de conserver la Transjordanie et l'Arabie Pétrée: tout ce qui, à l'ouest du Jourdain, avait fait partie du royaume latin allait être abandonné par l'Islam.

Dans cette situation dramatique, l'on peut imaginer l'éclosion de toute une littérature étrange, sortie des milieux juifs ou chrétiens de tout l'Orient. Toutes les prédictions qui avaient pu naître depuis l'invasion musulmane étaient recueillies dans des livres prophétiques: tel livre prophétisait qu'un roi de Nubie (qui était alors encore chrétienne) allait dévaster La Mecque et détruire le tombeau de Mahomet. Un autre, le *Livre de Clément*—sans doute attribué à Clément d'Alexandrie, le philosophe du IIIe siècle[12]—écrit en arabe et ayant l'air fort ancien, prédisait que, lorsqu'une cité maritime d'Egypte serait prise, Alexandrie et Damas tomberaient simultanément et que

---

[11] Cf. J. Richard, *op. cit.*, p. 179–180.
[12] *Ibid.*, p. 180.

deux rois, l'un venu de l'Orient et l'autre de l'Occident, se rejoindraient cette année-là à Jérusalem. Et n'annonçait-on pas que le fils du mystérieux Prêtre-Jean, roi des Indes, sur lequel des légendes couraient depuis un siècle, venait d'envahir la Perse: ce "roi David", d'après une lettre envoyée par le légat Pélage au pape Honorius III, n'était qu'à dix journées de Bagdad où la terreur régnait. Ses envoyés auraient, disait-on, fait libérer par le khalife les captifs francs que le sultan d'Egypte avait dirigés vers Bagdad. Et des rumeurs de toute sorte couraient sur le roi David: les informateurs de l'Ordre du Temple donnaient à son armée un effectif de quatre millions de combattants et lui attribuaient deux royaumes comprenant chacun trois cents villes. A côté de ces bruits qui déguisaient l'invasion mongole déferlant alors sur le Khwarizm et l'Iran, d'autres informations plus réelles montraient tout l'Orient attentif à la campagne d'Egypte: Pélage demanda aux Géorgiens de se mettre eux aussi en campagne, et de faire diversion de leur côté en attaquant quelque ville musulmane d'Arménie. De fait l'armée géorgienne allait se mettre en mouvement quand les Mongols survinrent dans le Caucase et la mirent en déroute.[13]

Il est certain que l'état d'esprit de l'entourage du légat pontifical prêtant l'oreille à toutes les prédictions plus ou moins apocalyptiques qui annonçaient la chute imminente de l'Islam, et les liens qu'il avait noués avec toute la chrétienté orientale devaient faire paraître à Pélage bien mesquines les préoccupations de Jean de Brienne. L'Islam allait s'écrouler et ce souverain ne pensait qu'à récupérer quelques misérables bourgades de Judée! A ce premier sujet de mésentente, portant sur le but même de la Croisade, s'en ajoutaient d'autres. Il s'agissait surtout de la possession de Damiette. Conformément aux accords préliminaires à l'expédition,[14] et fort de la

---

[13] *Ibid.*, n. 1.
[14] Voir ci-dessus, p. 12–13.

possession de la citadelle, Jean de Brienne agissait à Damiette
en roi: non seulement il possédait un quartier de la ville, mais il
avait établi un "bailli" dans cette cité. Et même il frappait
monnaie: on a conservé un denier d'argent (au titre assez
faible) du même type que ceux que Jean frappait comme roi de
Jérusalem, mais avec la légende + IOHANNES REX +
DAMIETA au lieu de IOHANNES REX + DE IERUSALEM.[15]
Or Pélage n'était pas de cet avis: l'Eglise avait été la promotrice
de la Croisade, l'Eglise devait garder les conquêtes qu'elle
réaliserait—et les Italiens, désireux de s'installer en maîtres
dans la grande cité commerçante, avaient su s'entendre avec le
légat. Pélage se conduisit en dictateur: n'excommunia-t-il pas
ceux qui s'installeraient dans la partie de la ville donnée au
roi?[16]

En vérité, l'on ne pouvait attendre grand'chose de la part
de combattants dont les chefs se querellaient au sujet de butins
plus importants. Le roi Jean se déclara fort peu satisfait de la
part qui lui fut impartie: il voulait être le maître incontesté de
Damiette. Pour faire face à ces revendications royales visant à
s'assurer la suzeraineté sur la ville, Pélage affirma que les
Chrétiens devaient être libres.[17] Il n'est nullement évident ce
que Pélage entendait par cette liberté pour les Chrétiens, à
moins que son intention n'ait été d'administrer à Jean de
Brienne la preuve que le but de la Croisade n'était point
d'avantager les ambitions personnelles du roi, mais plutôt le
bien - être de tous les Chrétiens.

Cette dispute, tout comme celle au sujet de l'acceptation
de la paix, divisa l'armée en deux factions, sauf que, cette

---

[15] Cf. *Eracles*, éd. citée, p. 349.
[16] Après la prise de la ville, il en avait cependant reconnu la seigneurie au roi.
[17] "Rex enim potebat dominationem civitatis et dominus legatus volebat, quod omnes Christiani haberent libertatem ibi, et exinde orta est discordia", *Gesta obsidionis*, éd. citée, p. 115.

19

fois-ci, les Templiers et les Hospitaliers s'alignèrent avec les chevaliers francs de Syrie. Une débandade totale de l'armée paraissait maintenant imminente, d'autant plus que le roi Jean arma trois navires et menaça de s'embarquer avec tous ses hommes. La rupture fut évitée de justesse, lorsque Pélage accepta finalement les exigences du roi, au moins jusqu'à l'arrivée en Orient de l'Empereur Frédéric II.[18]

Ce fut peut-être pour détourner l'intérêt des Croisés de leurs querelles à Damiette que l'on envoya une partie de l'armée, un milliers d'hommes, le 23 novembre 1219, attaquer Tanis, près de l'embouchure du Nil, à une journée de marche à l'est de Damiette. La garnison de cette forteresse, située à un emplacement stratégique important, abandonna ses positions et s'enfuit, craignant de se voir attaquer par l'armée chrétienne tout entière. En tant que diversion, ce fut une expédition inutile: la plupart des Croisés retournèrent à Damiette avec du butin qui suscita une fois de plus des controverses. C'est ainsi que, le 21 décembre 1219, les Italiens, sous prétexte d'avoir été dupés dans le partage des quatre cent mille besants trouvés à Damiette, prirent les armes contre les Français installés dans les tours.[19] Non seulement les Chrétiens se mirent à s'entretuer, mais ce faisant ils réussissaient là où les Musulmans n'avaient pu le faire, c'est-à-dire le renforcement de la discorde entre Croisés. Un fois de plus, Pélage négocia la paix en faveur du roi Jean, mais ce fut presque au risque de sa vie. En effet, les Italiens se considérèrent tellement lésés par la discrimination de la part du légat, qu'ils prirent à nouveau les armes, le 6 janvier 1220, et faillirent assassiner le cardinal.[20] Les Français et les Ordres Militaires chassèrent à nouveau les insurgés de la cité et les amadouèrent quelque peu par une distribution plus équitable de l'argent. Ainsi que le pape

[18] Voir ci-dessous, p. 29–31.
[19] Cf. Olivier, *Historia Damiatana*, éd. citée, p. 240–241.
[20] *Ibid.*, p. 244–245.

Honorius III le dira aux Gênois, quelques mois plus tard, l'important étant de maintenir l'unité de l'armée, ils devraient accepter une situation de fait en attendant des temps meilleurs.[21]

Le 2 février 1220, quelques jours avant le premier anniversaire de début du siège de Damiette, et presque trois mois après sa prise, les Croisés célébrèrent leur conquête par une procession solennelle à la mosquée, convertie en cathédrale, consacrée par Pélage et dédiée à la Sainte Vierge Marie.[22] Enfin, ce qui passait pour être la clé de toute l'Egypte, se trouvait entre les mains des Chrétiens. Ceux-ci avaient combattu pour atteindre ce but, s'y prirent ensuite très mal pour finalement le perdre.

Les Croisés firent preuve de ce complexe de vertus opposées, qui fait que l'on poursuit hardiment une démarche désavantageuse, en même temps que l'on use de trop de prudence lorsqu'il s'agit de mettre à profit une situation favorable. Il leur arriva de désirer trop avant terme et d'obtenir trop peu et trop tard. Il est probable qu'à aucun moment les conditions ne furent plus avantageuses pour une conquête complète de l'Egypte que pendant l'hiver 1219–1220. Non seulement les Chrétiens étaient exaltés par leur foi en leur invulnérabilité alors qu'un découragement profond s'était emparé des Musulmans, mais l'armée de ces derniers s'est vu sensiblement réduite par le retour en Syrie d'al-Mu'azzam et de ses hommes. Il est peu probable qu'al-Kâmil aurait pu faire face à une offensive chrétienne de grande envergure. Tandis que les Croisés tergiversaient, le sultan déplaça son camp vers le Sud, de Fariskur à Talka, sur la rive gauche du Nil, en face de l'ouverture du canal Achmoum. Peu de temps après, les Musulmans commencèrent à construire des fortifications dé-

---

[21] *Ibid.*, p. 248.

[22] Le 2 février est la fête de la Purification de la Vierge. Cf. Olivier, *op. cit.*, ch. 39, p. 239 et Jacques de Vitry, *Epistola VI*, éd. citée, p. 78.

fensives à Mansoura, de l'autre côté du fleuve et sur la face méridionale du canal. Là, ils attendirent l'attaque chrétienne pendant tout le printemps, mais les Croisés demeurèrent inactifs à Damiette, affaiblis par la défection de l'un de leur chefs et d'une partie de l'armée.[23]

"Au tournant de l'année, lorsque les rois s'en vont en guerre",[24] Jean de Brienne délaissa son problème martial pour s'adonner à son problème marital (!). En vérité, il y avait peu de différence entre les deux problèmes, chacun ayant pour objectif l'acquisition d'un royaume. Il est également permis d'affirmer qu'il n'y avait pas plus de compatibilité entre le roi Jean et son épouse qu'entre lui et le cardinal Pélage. Mariage ou Croisade, les deux mènent Jean de Brienne à la guerre. C'est la raison pour laquelle il n'eut point de scrupules à quitter Damiette au printemps 1220 et à regagner l'Asie pour prétendre au trône d'Arménie. A en croire Ernoul, le roi fut très irrité par l'attitude hostile du légat pontifical.[25] Son amertume fut telle qu'il prit prétexte des affaires d'Arménie pour quitter l'Egypte, le 29 mars 1220, puisque, aussi bien, le légat y commandait en roi.[26]

---

[23] Cf. J. Donovan, *op. cit.*, p. 68.
[24] Olivier, *op. cit.*, ch. 43, p. 248.
[25] *Chronique d'Ernoul*, éd. citée, p. 426.
[26] Jean de Brienne, veuf de la reine de Jérusalem, Marie de Montferrat, s'était remarié à Stéphanie, fille du roi d'Arménie, Léon II (Cf. *Eracles*, éd. citée, p. 310). Léon II étant mort en 1219, Jean songea à revendiquer le trône d'Arménie au nom de sa femme. Il quitta donc Damiette et se rendit en Cilicie, mais les barons arméniens refusèrent de le reconnaître, ajoutant toutefois qu'ils ne récusaient pas les titres de sa femme. Jean de Brienne repartit donc pour Saint-Jean d'Acre chercher sa femme pour la ramener en Cilicie. Mais là, l'entourage du roi lui fit les plus graves révélations : on soupçonnait l'Arménienne de vouloir empoisonner sa belle-fille, la petite Isabelle-Yolande de Jérusalem, née du précédent mariage du roi avec Marie de Montferrat: "Quant il vint à Acre, se li fisent aucunes gens à entendre que se feme volioit empoisonner se fille dont il tenoit le roialme. Li rois en fu moult dolans, si l'en bati a esperons. Dont aucunes gens disent qu'ele fu morte de la bature" (*Ernoul*, éd.

L'on peut se demander s'il est correct d'affirmer que le roi Jean a quitté l'Egypte pour regagner la Palestine à cause de la dispute avec Pélage au sujet de la domination à Damiette. Mais il semble à peu près certain, néanmoins, que ce fut la question arménienne qui offrit au pape l'occasion de constater les positions respectives de Pélage et du roi et de choisir l'un des deux comme chef de la Croisade. Jean de Brienne, avant de quitter Acre, avait promis aux Croisés qu'il ne les abandonnerait jamais;[27] pour cette raison, il a probablement éprouvé le besoin d'obtenir l'accord du pape pour ses exigences arméniennes. Le 2 février 1220, le pape reconnut son droit. Trois semaines plus tard, le 24 février, Honorius III écrivait à tous à Damiette, y comprit le roi Jean, et affirmait que Pélage serait investi des pleins pouvoirs dans les affaires temporelles aussi bien que dans les affairs spirituelles. Le pape réclamait de tous l'obédience au légat ou à quiconque serait délégué par lui et réaffirmait son entière confiance en son légat, le considérant comme un nouveau Josué ayant réussi à faire crouler les murailles de Damiette.[28]Quant à Jean de Brienne, ayant revendiqué pour lui-même la cité de Damiette tout entière, il aurait probablement apprécié la comparaison—si elle avait été appliquée à sa personne—mais, en l'occurrence, il était en droit de se considérer comme ayant effectué le voyage de Jérusalem à Jéricho pour s'y retrouver parmi des voleurs et des brigands.[29]

---

citée, p. 427. Cf. encore la variante donnée par l'éditeur, de Mas Latrie, *ibid.*, n. 4 : "Tantis eam affecit verberibus, ut exhalaverit misere spiritum").

[27] "Contra pactum suum quod apud Accon peregrinis in Aegyptum navigaturis fecit, ut vivus et sui juris ipsos non desereret" (Olivier, *op. cit.*, ch. 45).

[28] Il est évident que le pape Honorius III considérait la Croisade comme une entreprise de l'Eglise. Selon Otto Hassler, *Ein Heerführer der Kurie am Anfang des XIII. Jahrhunderts: Pelagius Galvani Kardinalbischof von Albano*, Berlin, 1902, p. 48, n. 4, la première référence à une comparaison faite par le pape de Pélage avec Josué est une exhortation à ressembler au prophète.

[29] Cf. J. Donovan, *op. cit.*, p. 70–71.

Mais, à vrai dire, le roi avait une raison supplémentaire pour retourner en Palestine: il s'agissait pour Jean de Brienne de défendre ce qui restait de son royaume contre les armées d'al-Mu'azzam qui avait investi le château de Césarée peu de temps après le retour du sultan en Syrie, venant d'Egypte.[30] Dans les premiers mois de 1220, al-Mu'azzam poursuivit la destruction de Jérusalem, que ses hommes avait pillée en mars de l'année précédente. Puis, il s'en prit à Châtel-Pèlerin, qui était une forteresse de Templiers. Les défenseurs, avec l'aide des Templiers venus de Damiette et ayant reçu des denrées et de l'argent de la part des Cypriotes et des barons de Syrie, résistèrent au siège et contraignirent al-Mu'azzam à battre en retraite, en novembre 1220.[31] Il semblerait donc évident que le royaume de Jérusalem se trouvait sérieusement menacé, ce qui explique l'appel à l'aide adressé, le 1er octobre 1220, par les prélats de Terre sainte au roi de France, Philippe-Auguste.[32] Les agissements de Jean de Brienne à cette occasion n'apparaissent point clairement, surtout à la lumière de l'épître d'Honorius III, du 11 août 1220, lui enjoignant d'arrêter de perdre son temps et d'aider Pélage au lieu de lancer les Chrétiens à l'attaque contre les Arméniens ou contre d'autres Chrétiens.[33]

Si le roi Jean avait déployé des efforts concentrés à l'encontre des Aiyûbides en Syrie, il aurait infléchi par là le sort final de la Croisade. Les Aiyûbides, du fait de leur manque d'union interne, de la pression qu'exerçaient les Seldjoukides d'Anatolie et à cause de la situation complexe qui régnait à l'est entre les Chahs Kwarizm et les Mongols, n'étaient nullement en position de mener une guerre sur trois fronts. La jalousie et l'ambition que nourrissaient les trois frères al-Kâmil, al-

---

[30] Olivier, *op. cit.*, ch. 41, p. 244 et *Ernoul*, éd. citée, p. 243.
[31] Olivier, *op. cit.*, ch. 42, p. 245 et chs. 52–53, p. 254–256.
[32] Cf. Louis de Mas Latrie, *Histoire de l'île de Chypre sous le règne des princes de la maison de Lusignan*, t. I, Paris, 1855, p. 215.
[33] Cf. J. Donovan, *op. cit.*, p. 71.

Mu'azzam et al-Achraf provoquèrent des intrigues ce qui poussait chacun des trois frères à tirer profit des ennuis subis par les deux autres. Quant aux Seldjoukides d'Anatolie, bien que sensiblement affaiblis en 1219 par les agissements d'al-Achraf, l'on ne pouvait leur faire confiance lorsque les Aiyûbides se trouvaient en danger. Le vrai danger, cependant, à cause des rumeurs alarmantes, était représenté par les hordes mystérieuses des Mongols, puisque seule la résistance douteuse des Chahs Kwarizm les séparait des Alyûbides.

En 1206, un jeune guerrier nommé Tamuchin avait réussi à unifier les tribus de Mongolie. Ayant assumé le titre de Gengis Khan,[34] il entama une série de conquêtes et de massacres sanglants, demeurés inégalés dans l'histoire pendant plus de sept siècles. En 1211, il commença la conquête de la Chine, mais retourna en Mongolie après avoir conquis Pékin, en 1215. A aucun moment les prélats d'Occident, rassemblés en Concile à Latran, la même année, n'avaient rêvé qu'un chef mongol, après avoir occupé Pékin, allait jouer un rôle prépondérant dans leur Croisade.

Contrairement à l'avis de Jacques de Vitry, il ne semble pas probable que Gengis Khan a envahi le territoire de Kwarizm pour répondre à un appel, même indirect, que lui aurait adressé le Khalife al-Nasir.[35] Il l'aurait plutôt fait à cause des aspirations à l'indépendance du Chah, ce qui allait à l'encontre des ambitions du Khan. Celui-ci se dirigea donc vers le Sud, accompagné de ses fils, en 1219, et on le retrouve assiégeant Samarcande en mars 1220. Avec la chute de l'Etat Khwarizm, il n'y avait plus aucun obstacle entre les Mongols et

---

[34] Pour les conquêtes de Gengis Khan et tout cet épisode, voir surtout W. Barthold, *Turkestan Down to the Mongol Invasion*, 2e éd., traduit de l'allemand par H.A.R. Gibb, Londres, 1928, p. 393 ss.
[35] Cf. Jacques de Vitry, *Excerpta De Historia David regis Indiorum qui Presbyter Johannes a vulgo appellatur*, éd. citée, XVI, 99. L'auteur y affirme avoir traduit l'ouvrage de l'arabe en latin, à l'aide de plusieurs interprètes (*ibid.*, p. 93).

sé personnellement au christianisme, mais la présence parmi ses sujets d'un grand nombre de Chrétiens nestoriens avait pu faire croire aux Chrétiens occidentaux qu'il partageait leur religion.

Ailleurs dans le lointain Orient les Croisés disposaient d'un autre allié potential: le royaume de Géorgie, aux confins du royaume d'Arménie, entre la Mer Caspienne et la Mer Noire.[41] Selon certaines sources, le pape Honorius III aurait écrit aux Géorgiens, encore en 1211, pour leur demander de collaborer avec les Croisés. On fut sans nouvelles d'eux jusqu'à ce qu'ils aient écrit aux Croisés à Damiette pour faire savoir qu'ils avaient été touchés par les nouvelles de la Croisade en Egypte et qu'ils allaient y contribuer en attaquant Damas ou quelque autre territoire musulman.[42]

L'un des grands malheurs des Croisés fut justement le fait qu'ils se faisaient des illusions et se donnaient de faux espoirs enveloppés de mystères—surtout pour ce qui était du Prêtre Jean et de Frédéric II. Jamais ils ne connurent celui-là ni comprirent celui-ci. La tragédie de ce malentendu était d'autant plus profonde que Frédéric avait probablement été sincère lors de ses premières promesses, mais les Croisés continuèrent à y croire même lorsque Frédéric avait déjà subordonné la Guerre Sainte à ses ambitions européennes.

Peu de temps après l'accession au trône pontifical d'Honorius III, l'Empereur Frédéric II avait compris que l'insistance du nouveau pape sur la mise à exécution de la Croisade avait la priorité sur la poursuite de la politique traditionnelle de tenir les Etats Pontificaux à l'abri de l'expansion des Hohenstaufen. Par conséquent, Frédéric allait utiliser la Croisade comme argument afin d'obtenir des concessions de la part du pape.

---

[41] Cf. J. Donovan, *op. cit.*, p. 74.
[42] Olivier, *op. cit.*, ch. 35, p. 2''é–233.

Quant à Honorius III, il nourrissait certainement l'espoir d'arracher l'Empereur à ses projets expansionnistes en l'intéressant à la Croisade. Ce fut néanmoins Frédéric qui trompa le pape en alternant les manifestations d'enthousiasme pour la Croisade et les humbles requêtes en vue de retarder la mise en pratique de ces projets. Si la situation en Allemagne nécessitait la présence continue de Frédéric dans ce pays—ce qui, d'ailleurs, était fort plausible—l'Empereur ne l'ignorait certes pas. C'est pour cette raison que ces promesses, non fondées, aux Croisés furent tout à fait inexcusables par le mal qu'elles provoquèrent. La confirmation de l'arrivée imminente en Orient de l'Empereur engendra un sentiment d'assurance exagéré parmi certains des Croisés tout en fournissant à d'autres une excuse pour leur inactivité.[43]

Au début du mois de janvier 1219,[44] l'Empereur Frédéric réaffirma son désir d'aider la Croisade et fit savoir que les préparatifs étaient en cours pour prendre le départ aux environs du 24 juin suivant. En mai, il changea d'avis et Honorius III lui accorda un nouveau délai, jusqu'à la Saint-Michel, le 29 septembre de la même année.[45] L'Empereur accéda à cette nouvelle requête et assura le pape qu'il se préparait sérieusement à la Croisade, tout en lui demandant, par la même occasion, de lui offrir la couronne impériale.

Dans la première semaine du mois de septembre,[46] Honorius III fit savoir au cardinal Pélage la bonne nouvelle du prochain couronnement de l'Empereur et du départ imminent de celui-ci pour l'Orient. Lorsque le mois de septembre fut passé et que Frédéric ne fit même pas son apparition à Rome, Honorius, perdant patience, lui reprocha son indifférence et le

---

[43] Cf. Wilhelm Knebel, *Kaiser Friedrich II und Papst Honorius III in ihren gegenseitigen Beziehungen 1220–1227*, Münster, 1905, p. 45 et 63.
[44] Cf. *Historica Diplomatica Frederici Secundi*, éd. citée, t. I, p. 584 ss.
[45] *Ibid.*, p. 630.
[46] *Ibid.*, p. 924.

menaça d'excommunication s'il ne prenait point le départ avant la Saint-Benoît, le 21 mars de l'année suivante.[47]

Frédéric essaya d'amadouer le pape par une lettre plus que touchante, datée du 19 février,[48] faisant foi de son dévouement à l'Eglise—en même temps qu'il demandait de retenir pour lui-même le royaume de Sicile, à vie. Bien que le pape, dans sa réponse, ait rassuré l'Empereur contre toute inquiétude au sujet de la Sicile, en lui promettant que son fils Henri et le royaume de Sicile seraient placés sous la protection pontificale, Frédéric tergiversait toujours. Le pape fut alors contraint d'accorder un nouveau délai, jusqu'au 1er mai.[49] Pendant le mois d'avril, Frédéric fut très actif. Il envoya des missionnaires à Rome pour exiger une fois de plus la couronne impériale, ce à quoi le pape accéda pour le bien de l'Eglise et de la Terre Sainte.[50] Prenant tout le monde par surprise, le 26 avril,[51] sans le consentement du pape mais avec l'assentiment des prélats allemands, alléchés par la promesse de privilèges, Frédéric fit élire son fils Henri roi de Rome.

Le 1er mai approchait et l'Empereur Frédéric ne montrait toujours aucun signe de départ. Là-dessus, Honorius fut contraint d'admettre sa défaite en demandant à Frédéric, à défaut de partir lui-même, au moins de ne plus retenir les autres Croisés.[52] La correspondance entre le pape et l'Empereur devient de plus en plus serrée pendant l'été et l'automne 1220. Malgré les excuses très peu convaincantes de Frédéric pour demeurer en Allemagne,[53] le pape, avec son optimisme naïf et infaillible, écrivit à Pélage, le 24 juillet 1220,[54] l'informant que

---

[47] *Ibid.*, p. 691.
[48] *Ibid.*, p. 741.
[49] *Ibid.*, p. 746–747.
[50] Cf. W. Knebel, *op. cit.*, p. 20.
[51] Cf. *Historica Diplomatica Frederici Secundi*, éd. citée, Introduction, CCXIV et t. I, p. 756 ss.
[52] *Ibid.*, p. 784.
[53] Voir en particulier la lettre datée du 13 juillet, *ibid.*, p. 802 ss.
[54] *Ibid.*, 805. Il est néanmoins probable que Pélage n'a pas reçu la lettre du

l'Empereur serait couronné à la fête de la Saint-Michel, le 29 septembre, et que, par la suite, il s'embarquerait sans nul doute pour l'Orient.

Frédéric ne quitta finalement l'Allemagne pour l'Italie du Nord qu'à la fin du mois d'août. Là, il demeura pendant deux mois, retenu qu'il affirmait être par des négociations dans l'intérêt de l'Eglise.[55] Après de longues délibérations entre envoyés du pape et représentants impériaux, Honorius accepta finalement les promesses de l'Empereur quant à la restauration de terres toscanes aux Etats Pontificaux. Tout en mettant en doute la sincérité de Frédéric au sujet du renoncement de celui-ci à la Sicile, le besoin urgent de venir en aide à la Terre Sainte obligea Honorius à mettre à exécution le projet de couronnement. Par conséquent, Frédéric et son épouse Constance furent couronnés le 22 novembre 1220, à Saint Pierre, à Rome[56]. A la fin de la cérémonie, Frédéric, selon la coutume, prit la croix des mains du Cardinal Hugues et annonça son départ pour l'Orient, pour le mois d'août suivant.[57] En quittant Saint Pierre, l'Empereur Frédéric venait de l'emporter dans le long conflit diplomatique qui l'avait opposé au souverain pontife. Son fils, seigneur de la Sicile, était aussi roi des Romains, alors que Frédéric lui-même était enfin devenu officiellement le chef du Saint Empire Romain, avec des prétentions légitimes en Sicile et en Allemagne. Par contre, le pape Honorius III venait de perdre la sécurité des Etats Pontificaux et de restreindre sensiblement les chances de réussite de la Croisade.

---

pape avant la fin du mois d'août, puisque, le 20 août 1220, le souverain pontife exhorta le peuple allemand à préserver la paix, étant donné que l'Empereur Frédéric II "ad subsidium Terrae Sanctae magnifice se accingat" (ibid., 822).

[55] Cf. W. Knebel, op. cit., p. 23 et 29 et Hist. Dipl. Fr. Sec., op. cit., t. I, 880–881.

[56] Ibid., II, 82 et Olivier, op. cit., ch. 54, p. 256.

[57] Hist. Dipl. Fr. sec., II, 1–2.

Pour en revenir à Damiette, au printemps de l'année 1220, l'on peut constater que le récent départ de la Croisade du roi Jean de Brienne et de son armée s'est trouvé quelque peu éclipsé, sinon compensé, par l'arrivée, venus d'Occident, des archevêques de Milan et de Crète, des évêques Roland de Faenza, Nicolas de Reggio et Albert de Brescia, accompagnés d'un grand nombre de chevaliers italiens. Arrivèrent également des envoyés de l'Empereur Frédéric, porteurs de ses promesses habituelles.[58] Au cours d'une réunion d'état-major, les nouveaux arrivés tombèrent d'accord avec Pélage pour affirmer que l'armée était en train de perdre son temps. Certains s'exprimèrent en faveur d'une offensive immédiate, mais les chevaliers furent d'un avis différent. En l'absence de Jean de Brienne, dirent-ils, il n'y avait point de chef auquel les hommes de tant de nations différentes pussent obéir. Ce qui équivalait à la poursuite de l'inactivité.[59]

Après que l'armée eut été renforcée par l'arrivée du comte Matthieu d'Apulie, avec huit navires, en juillet 1220,[60] Pélage recommença ses exhortations. Il se heurta à l'opposition des chefs français, anglais et allemands, et, lorsqu'il tenta de mettre sur pied une expédition séparée, ses propres mercenaires firent obstacle à ses projets. Pourtant, le chanoine Olivier était persuadé qu'il ne manquait rien pour assurer le succès de l'entreprise, ni les armes, ni l'emplacement stratégique, ni les combattants.[61] La seule diversion que les croisés se fussent permis de prendre d'avec leur vie de loisir, de confort et d'oisiveté fut un raid sur la ville de Burlos, située près de la côte, à l'ouest de Damiette. Les Templiers en revinrent avec un butin précieux, mais une partie des

---

[58] Cf. Olivier, *op. cit.*, ch. 43, 248.
[59] "Et sic concordabant ad otium ex quo mala multiplicata sunt in castris" (*ibid.*, ch. 43, p. 248–249).
[60] *Ibid.*, ch. 44, p. 249.
[61] "Etiam stupendiarii quidam Gallici et Teutonici qui soldos ejus acceperant, procedenti laborem impedirant" (*ibid.*, ch. 45, p. 249–250).

Hospitaliers, leur maréchal y compris, étant partis sans armes, furent pris prisonniers.[62]

Si le sultan al-Kâmil ne disposait pas d'assez de forces terrestres pour attaquer les Chrétiens, il ne s'en était pas moins gardé de rester inactif, dans l'attente de l'arrivée des renforts. Ayant fait réparer et remettre en état de fonctionnement un certain nombre de navires, il les envoya, en été 1220, le long de la branche occidentale du Nil (sur laquelle est située Rosette), jusque dans la Méditerranée, afin d'y intercepter les convois d'approvisionnement des Croisés. C'est ainsi que cette flotte musulmane arriva jusqu'au port cypriote de Limassol, où se trouvait ancrée une flotte croisée, dont une partie fut coulée et une autre capturée, ainsi que quelque treize mille chrétiens.[63] Selon Ernoul, Pélage avait été mis au courant des travaux de réparation de la flotte musulmane. Refusant d'y croire, ou simplement ignorant ce fait, le légat semble avoir renvoyé les éclaireurs venus pour lui fournir les renseignements en leur reprochant de le déranger alors qu'il était en train de manger et de boire.[64] Puis, pris de remords après le désastre naval de Limassol, Pélage envoya à Chypre une escadre vénitienne avec mission d'intercepter l'enemi et d'attaquer les ports de Rosette et d'Alexandrie. Mais il était trop tard: les Musulmans s'en étaient allés. Le chanoine Olivier relate les mêmes événements, mais d'une manière quelque peu retenue, sans mentionner le nom de Pélage.[65]

Il se peut que le légat n'ait pas eu à sa disposition un nombre de galères suffisant pour risquer un affrontement

---

[62] *Ibid.*, ch. 48, p. 252.

[63] Cf. *Eracles*, p. 345. Selon *Ernoul,* p. 429–430, la flotte musulmane comprenait dix vaisseaux.

[64] "Les espies revinrent al cardenal et se li disent: 'Sire, or vous gardes! Les galies sont en mer'. Li cardinals dist: 'Quant cil vilain voelent mangier, si vienent dire aucune novele. Va, dist il à I serjant, si lor done del vin et à mangier' " (*Ernoul,* éd. citée, p. 429–430).

[65] Cf. Olivier, *op. cit.,* ch. 49, p. 253. Selon le chanoine de Paderborn, le nombre des galères musulmanes se serait élevé à 33.

avant l'arrivée des Italiens. Toujours est-il que l'on est en droit de se demander si l'envoi d'Italiens à Alexandrie, avec mission d'y attaquer les Musulmans, se justifiait, compte tenu des relations commerciales étroites existant entre Alexandrie et les marchands de Venise, de Pise et de Gênes.[66] Quoi qu'il en soit, tout porte à croire que même la trésorerie pontificale n'était pas capable d'offrir à Pélage les moyens de disposer d'un nombre suffisant de vaisseaux de guerre. Le pape lui-même, ayant permis que la dîme sur la Croisade fût envoyée directement à destination de Pélage par les Templiers receveurs[67] et ayant généreusement contribué de sa fortune personnelle,[68] devait finalement avouer, en août 1220, que la trésorerie pontificale était vide.[69] Les frais habituels du maintien d'une armée avaient d'ailleurs encore augmenté du fait de la hausse des denrées alimentaires en Europe faisant suite à la mauvaise récolte de produits agricoles de 1219.[70]

---

[66] Le 11 septembre 1220, Honorius III écrivait aux prélats des villes italiennes, leur enjoignant de faire interdire l'envoi de nouveaux navires à Alexandrie, pour venir ainsi en aide indirectement aux Musulmans. De même, le pape interdisait la conclusion de tout traité commercial avec Alexandrie (cf. *Honorii III Romani Pontificis Opera Omnia*, éd. C. A. Horoy, 5 vols., Paris, 1879–1882, t. 5, No. 53).

[67] *Ibid.*, III, No. 244 et IV, No. 19.

[68] Trente mille marks, selon *ibid.*, IV, No. 19.

[69] "Pro necessitate ipsius (la Terre Sainte) evacuaverimus cameram nostram", éd. Horoy, V, No. 13. Le 18 août 1220, le pape Honorius III disait à Pandolf, en Angleterre, "nuper quidquid habuimus in Camera miserimus in subsidium Terrae Sanctae propter quod multis tenemur debitis obligati", *ibid.*, V. No. 25. Que cette taxe constituait une lourde tâche pour les gens en Europe, ressort avec évidence des lamentations d'un chroniqueur après l'échec de la Croisade: "et ita sub momento quasi in profundum maris projectum vidimus et perditum incurabilem thesaurum; unde per tres annos contiguos universalis ecclesia in solutione vigesimae enormiter laesa et eviscerata fuit", *Chronicon Andrensis*, RHF, XVIII, 578, cité d'après J. Donovan, *op. cit.*, p. 81, n. 65.

[70] "Terra hoc anno parce dedit fructus. Gelu itaque solito tempestivius facto nonis scilicet Octobris", *Chronicon Laudunensis*, RHF, XVIII, 720. "In fine vero Septembris . . . factum est gelu asperrimum per tres septimanas . . . Postea non cessavit pluere continue usque ad Kalendas Februarii, tantaque aquarum inundation fuit, quod stagna, pontes, molendina quamplurima et domicilia corruerunt", Guillaume d'Armorica, *De Gestis Philippi Augusti*,

34

La défaite subie à Limassol, le retour en Europe de nombreux Croisés, malgré les excommunications, la réduction des fonds disponibles et l'absence de nouvelles au sujet de l'embarquement de Frédéric pour l'Orient, tout cela ensemble devait sans doute être très déprimant pour Pélage. Vers la mi-décembre 1220, le pape put se croire en mesure d'annoncer à son légat que des renforts substantiels allaient arriver en Orient en mars 1221 et que Frédéric II lui-même y ferait enfin son apparition au mois d'août.[71] Une autre consolation, si l'on peut dire, pour Pélage consistait dans le fait que la discipline avait enfin été restaurée dans l'armée par l'intermédiaire de lois sévères et par l'institution d'un tribunal militaire. Même Jacques de Vitry, pourtant si perspicace à dénoncer et à censurer tout relâchement de moralité, pouvait comparer le camp de l'armée, "à un cloître."[72]

L'historien contemporain Joseph P. Donovan se laisse à affirmer que, au début de l'année 1221, le pape Honorius III avait compris enfin qu'il ne pouvait compter beaucoup sur Frédéric II et, de ce fait, le souverain pontife conseilla au Cardinal Pélage de se montrer plus réceptif à l'égard de toutes futures négociations, susceptibles de présenter quelque avantage pour les Chrétiens. Le légat, toutefois, ne devait agir que lorsque le pape aurait étudié les faits à la lumière des événements ultérieurs.[73] Quant à l'Empereur Frédéric II, fidèle à lui-même, il agit tout à fait à l'encontre des espérances pontificales. Non seulement l'Empereur fit-il preuve d'un grand enthousiasme en encourageant ses sujets à se préparer pour la Croisade, mais encore il fit effectivement partir un contingent

---

RHF, XVII, 113–114. Les deux citations sont rapportées par J. Donovan, *op. cit.*, p. 81, n. 66.

[71] Cf. éd. Horoy, éd. citée, V, No. 137.

[72] "Quasi claustrum monachorum videretur", Jacques de Vitry, éd. citée, XVI, 90.

[73] Cf. J. Donovan, *op. cit.*, p. 1–82, n. 69.

important sous la conduite du duc Louis de Bavière et qui débarque à Damiette au printemps.[74]

Encore avant l'arrivée de ces Croisés allemands, le sultan al-Kâmil, espérant toujours, mais en vain, l'arrivée de renforts musulmans et alarmé par les nouvelles au sujet de Gengis Khan,[75] envoya un groupe de Chrétiens, qu'il avait faits prisonniers le 29 août 1219,[76] au camp des Croisés avec des propositions de paix ou de trêve. Il s'agit probablement des conditions qu'Ernoul mentionne comme datant de juin ou de juillet 1221, à savoir la cession de Jérusalem et des territoires avoisinants que les Chrétiens avaient détenus, à l'exception toutefois du Krak, le paiement de dommages pour la destruction de Jérusalem ainsi que la conclusion d'une trêve d'une durée de trente ans.[77] Mais plus le sultan était inquiet au sujet de Gengis Khan et plus les Croisés s'en considéraient encouragés. Aussi, s'attendant à l'arrivée prochaine de Frédéric, les Croisés, à l'exception des Templiers et des Hospitaliers, refusèrent-ils les propositions du sultan.[78] Ce refus peut sembler contraire aux volontés du pape[79] et l'on est en droit de se demander pourquoi le légat n'avait pas accepté au moins une trêve, en attendant les instructions de Rome.

La période entre les mois de juin et septembre 1221

---

[74] Cf. Olivier, *op. cit.*, ch. 54, p. 257.

[75] "Soldanus Egypt per nuntios predicti caliphe Baldacensis audiens praedicti regis David insuperabilem potenciam et mirabiles triumphos et qualiter jam fere pene ducentas dietas terram Sarracenorum in manu potenti occupasset, nec erat, qui valeret resistere consternatus animo et mente confusus precepit adduci quosdam nobiles ex nostris . . .", Jacque de Vitry, éd. citée, XVI, 106.

[76] Il s'agissait de l'évêque-élu de Beauvais et de son frère, André, de Jean d'Arcis, Odon de Castelleone, André d'Espoisse et le vicomte de Belmont avec plusieurs Templiers et Hospitaliers. Cf. Jacques de Vitry, *ibid.*, XVI, p. 109.

[77] *Ernoul*, éd. citée, p. 442.

[78] *Ibid.*

[79] Voir ci-dessus, p. 19–20.

semble bien controversée. C'est une série d'actes, d'événements et d'actions pour lesquels les sources historiques sont aussi nombreuses qu'elles sont contradictoires, voire parfois peu certaines.

A son arrivée en Egypte, Louis de Bavière aurait dit aux Croisés qu'il était venu avec l'intention ferme d'attaquer l'ennemi.[80] Ecrivant six ans plus tard, l'Empereur Frédéric prétendait avoir donné des instructions fréquentes à ses lieutenants afin qu'ils ne sortent point de Damiette avant qu'il n'y fût arrivé lui-même.[81] Un chroniqueur anglais, relatant les faits tels qu'il a dû les entendre de la bouche de Croisés rentrés chez eux, raconte que l'armée ne commença sa marche sur Le Caire qu'après avoir attendu en vain, pendant cinq semaines, les galères que l'Empereur avait promises.[82] Il semble néanmoins à peu près certain que, le 29 juin 1221,[83] les Croisés à Damiette aient reçu l'ordre de quitter la cité et d'établir leur camp à une petite distance en amont du fleuve. Le Cardinal Pélage prétexta, pour ce faire, du fait que la saison était favorable et qu'un nouveau délai ne ferait qu'augmenter encore les dépenses. Louis de Bavière, quant à lui, souligna qu'il fallait se mettre en route avant que le Nil ne commençât son inondation annuelle du delta, qui devait se produire en août.[84] A en croire le chanoine Olivier et le Maître des Templiers, Pierre de Mon-

---

[80] "Locum tenens imperatoris omnibus patefecit se ad hoc venisse, ut expugnaret inimicos fidei Christianae", Pierre de Montaigu, Roger de Wendover, *Flores Historiarum*, éd. Henry J. Hewlett, Rolls Series, t. II, Londres, 1869, p. 264.

[81] "Nuntios vero nuntiis frequenter et litteras litteris sepius inculcavimus, rogantes et monentes totum exercitum Christianum ut navalem classem nostram et exfortium expectantes nequaquam se ipsos a Damiata noverent, pro certo nostram presentiam se cominus habituros". Cf. lettre d'excuse de l'Empereur Frédéric II, à tous les Croisés, datant du 6 décembre 1227, éd. citée, III, 40.

[82] Ralph of Coggeshall, *Chronicon Anglicanum*, éd. Joseph Stevenson, Londres, 1875, p. 189.

[83] Fête de Saint-Pierre et de Saint-Paul.

[84] Cf. Olivier, ch. 54, p. 257.

taigu, la décision de procéder à l'offensive semble avoir été acceptée unanimement,[85] puisque le roi Jean de Brienne et les chevaliers francs de Syrie, qui avaient jadis, à plusieurs reprises, constitué le parti d'opposition à Pélage, se trouvaient à Acre.[86]

De plus, les chevaliers présents à Damiette, mais qui s'étaient opposés à l'attaque sous prétexte qu'il n'y avait aucun chef militaire sur place, n'avaient plus aucune excuse, puisque, aussi bien, le duc Louis de Bavière représentait l'Empereur. Qu'il se soit agi d'une acceptation, ou simplement d'un acquiescement, l'initiative de l'attaque appartint à Pélage et au duc de Bavière. Mais ce fut surtout le légat du pape qui reçut et recevra, après coup, le blâme pour ce qui aura été, en fin de compte, une erreur fatale, et ce malgré les questions qui demeurent toujours sans solution définite.[87]

Pélage a-t-il agi délibérément à l'encontre des ordres du pape? Il semble pourtant qu'Honorius III ait bien indiqué à Pélage, dans sa lettre du 20 juin, qu'il ne fallait pas accepter les propositions de paix du sultan.[88] Si l'on admet que cette lettre est datée du jour de son départ de Rome - et si l'on accorde un délai minimum pour son trajet jusqu'à Damiette - à peu près trois semaines[89] - il s'avère impossible que Pélage ait pu avoir

---

[85] ". . . communi consilio baronum, militum ad popularium", *ibid.* "Omnes unanimiter consenserunt", Pierre de Montaigu, éd citée, II, 264. "Factum est de consilio praefati duci [le duc de Bavière] ut aiunt, et legati sedis apostolicae et aliorum rectorum populi, ut multi cum iisdem egrederentur de civitate ad occupendum quemdam locum por construenda ibidem nova civitate contra Sarracenos", Burkhardus Urspergensis, *Chronicon, MGH, SS.* XXIII, 381 (cité d'après J. Donovan, *op. cit.*, p. 84, n. 81).

[86] "Generaliter fere omnes orientales tam prelate quam milites saeculares absentes erant", Jacques de Vitry, éd. citée, XVI, p. 86.

[87] Voir, à ce sujet, la tentative de réhabilitation du Cardinal-légat Pélage, dans J. Donovan, *op. cit.*, p. 84–85.

[88] "Sed summus pontifex compositionem aliquam absque speciali ecclesiae Romane mandato prohibuit", cf. Olivier, ch. 71, p. 269.

[89] La durée des traversées était très instable au moyen âge, les navires se trouvant presque entièrement à la merci des vents et des courants. Bien que la plupart des vents soufflant au-dessus de la Mer Méditerranée soient des vents

connaissance de la décision pontificale avant le 29 juin, date du
début de la marche sur Le Caire. De plus, le Cardinal légat
savait pertinemment que des renforts impériaux, en soldats et
en galères, devaient arriver en août. Le chanoine Olivier attribue à l'évêque élu de Beauvais et à d'autres prisonniers l'opinion que Pélage aurait conquis l'Egypte tout entière s'il n'en
avait pas été empêché et s'il avait attaqué avant ou après le
débordement du Nil.[90] Cette appréciation paraissait plausible
pour l'année 1220, et même pour le printemps 1221. Mais le 29
juin était trop rapproché de la saison des débordements du
fleuve pour pouvoir compter sur un succès des opérations
militaires. Par conséquent, il semble bien que le légat ait agi
alors qu'il était tenu par les ordres restrictifs du 2 janvier
précédent et, de plus, sans raisons suffisantes pour supposer
par avance qu'il obtiendrait le soutien du pape. Même si l'on
imagine que Pélage ait pu recevoir la lettre d'Honorius, cela
n'aurait pas non plus justifié l'ordre d'entamer l'offensive,
puisque, en fait, Honorius ne faisait que lui conseiller de ne
point accepter les propositions des Musulmans. En aucune
manière, le pape ne convia son légat à déclencher l'attaque.[91]

---

en direction nord-nord-ouest, ce qui aurait constitué un facteur favorable aux
bateaux naviguant vers l'Egypte, en provenance de l'ouest, le chroniqueur
Philippe d'Albeney relate avoir quitté Marseille le 15 août et ne point être
arrivé à Damiette avant le 7 septembre, ce qui représente une traversée de plus
de trois semaines. L'année suivante, l'Empereur Frédéric II se fut embarqué à
Otranto, le 29 juin et, après plusieurs escales en route, totalisant approximativement onze nuits et quatre jours, il débarqua finalement à Limassol, dans
l'île de Chypre, le 21 juillet. Voir *Breve Chronicon de Rebus Siculi,* cité par
Historica Diplomatica Frederici Secundi, éd. citée, I, 898 ss. Cf. l'épître II, de mars
1217, de Jacques de Vitry, éd. citée, XIV, p. 106, où l'auteur raconte avoir
navigué pendant cinq semaines entre Gênes et Saint-Jean d'Acre. C'est, en
outre, un texte où les misères du voyage par mer à l'époque sont décrites d'une
manière très suggestive.
   [90] Cf. Olivier, ch. 54, p. 257.
   [91] Selon W. Knebel, *op. cit.,* p. 58–59, il n'est pas à exclure que Pélage ait
déclenché l'attaque juste avant le retour de Jean de Brienne de Saint-Jean
d'Acre, afin d'empêcher le roi de reprendre son emprise sur l'armée. Knebel
poursuit en ces termes: "Tatsache ist, dass die Christliche Armee unmittelbar
nach dem Eintreffen des päpstlichen Briefes, am 17. Juli 1221, von dem

A ce jour, il paraît impossible de justifier l'action du Cardinal Pélage, voire de la motiver. Il est peu probable qu'il eut voulu obtenir la victoire avant l'arrivée de l'Empereur Frédéric, de peur que l'Eglise ne soit privée de son triomphe.[92] Frédéric aurait, de toute manière, réclamé son dû grâce à la présence du duc de Bavière, son représentant, sans lequel il n'était nullement question pour Pélage de pouvoir attaquer. L'on ne saurait, non plus, sans hésiter, donner raison à Eracles, lorsqu'il affirme que Pélage voulait s'emparer du Caire sans la présence de Jean de Brienne.[93] Selon Ernoul, le légat aurait envoyé plusieurs messages urgents au roi de Jérusalem, lui enjoignant de revenir d'Acre et de reprendre sa place dans l'armée.[94]

Une autre raison possible, qu'il nous est extrêmement difficile d'apprécier à sa juste valeur, réside dans l'atmosphère religieuse générale, en ce premier quart du XIIIe siècle, et la foi accordée aux différentes prophéties du temps. Ainsi, tout au début du siècle, les sages d'Angleterre affirmaient que le Diable de l'Apocalypse venait d'être relâché.[95] Le siècle allait bientôt assister aux excès qu'accompliront les adeptes de Joachim de Flore (dit le Prophète).[96] Il n'est point inconcevable, en conséquence, qu'un Croisé zélé puisse croire sincèrement en une prophétie pertinente, même si elle était d'origine incertaine.[97]

Cette prophétie, qu'Olivier et Jacques de Vitry mention-

Sammelplatze Fariskur gegen das Innere Egyptens aufbrach''. Il n'y a pourtant aucune preuve que Pélage ait pu recevoir la lettre avant le 17 juillet 1221.
   [92] Cf. O. Hassler, *op. cit.*, p. 56: "Ohne den Kaiser wollte er den Kreuzzug zu gutem Ende führen; die Kirche allein sollte die Ehre haben''.
   [93] Cf. *Eracles*, p. 349.
   [94] Cf. *Ernoul*, p. 441–443.
   [95] Cf. Roger of Hovenden, *Chronica*, éd. W. Stubbs, Londres, 1871, IV, 162.
   [96] Voir G. C. Coulton, *From St. Francis to Dante: Translations from the Chronicle of the Franciscan Salimbene*, Londres, 1907, p. 150 ss.
   [97] Selon Olivier, *op. cit.*, ch. 56, p. 258, on étudiait de son temps la prophétie et l'on était persuadé de son ancienneté.

nent de concert,[98] prédisait que deux rois allaient faire leur apparition, l'un venant de l'Occident, l'autre de l'Orient, et subjugueraient les terres du sultan. Selon Olivier, ces rois viendraient à Jérusalem dans l'année où Pâques tombent le 3 avril. S'il s'agissait donc de vaincre le sultan cette même année, la prophétie n'aurait point fourni à Pélage de prétexte pour déclencher son attaque le 29 juin 1221, puisque Pâques ne tomberaient le 3 avril que l'année suivante, 1222. Les chroniqueurs occidentaux, quant à eux, accordent encore plus d'importance à ces prophéties. L'on peut se demander si ces chroniqueurs ne sont pas dignes que l'on dise d'eux ce que l'un d'entre eux, Albéric des Trois-Fontaines, applique à Pélage à propos de la prophétie: "De Pelagio cardinali multa ibi notabantur, quae forte aliter se habuerunt. Hujusmodi enim prophetia, etsi in quibusdam verum dicat, in multis tamen decipit".[99] Selon le chroniqueur de Tours,[100] la prophétie prévoyait que celui qui abattrait l'ennemi serait un homme originaire d'Espagne et que le royaume tomberait au mois de juin, mais, le premier des chroniqueurs cités, Albéric des Trois-Fontaines, n'en demeure pas moins ferme en affirmant que la prophétie prévoyait la bataille du Caire pour le mois de juillet.[101] Si la prophétie s'appliquait véritablement à Pélage, ou à quelqu'un d'autre originaire également d'Espagne, on peut supposer qu'Olivier et Jacques de Vitry n'auraient été que

---

[98] Cf. Olivier, *ibid.* Jacques de Vitry, éd. citée, XVI, 106–113, intitule la prophétie, "Revelationes Beati Petri Apostoli a discipulo ejus Clemente in uno volumine redacte" et l'explique, tout comme Olivier, d'ailleurs, comme une révélation faite par le Christ à Saint Pierre.

[99] Albéric des Trois-Fontaines, éd. citée, p. 790. Selon Albéric, la prophétie prévoyait que Damiette serait prise par les Chrétiens vingt-neuf ans après la chute de Saint-Jean d'Acre. Cela est à peu près exact, puisque Acre est tombée en 1191.

[100] "... in quo continebatur quod lex Marchometi sexcentis annis tantummodo duraret menseque Junio expiraret et quod ex Hispaniis veniret qui eam penitus aboleret; et ideo legatus qui de Hispaniis natus erat, illum librum verissimum estimabat" *Chronicon St. Martini Toronensis, RHF*, XVIII, p. 300.

[101] Albéric des Trois-Fontaines, *loc. cit.*

41

trop heureux de pouvoir ajouter ces détails. Mais ils ne mentionnent que l'arrivée attendue de deux rois que Jacques de Vitry identifie avec le roi David de Géorgie et l'Empereur Frédéric. Le nom de Pélage n'est mentionné que par un seul chroniqueur occidental, alors qu'un autre parle d'un "homme originaire d'Espagne". Il n'est donc point exclu que l'on ait associé le nom du légat Pélage avec la prophétie afin d'expliquer et de justifier l'action du Cardinal, après l'échec de la Croisade.

Nous ne sommes donc, en fin de compte, qu'en présence de suppositions. L'admission du fait surnaturel va de pair avec la conclusion générale que rien de naturel ne peut expliquer l'action de Pélage, le 29 juin 1221 - à moins qu'on ne se résigne à conclure - peut-être un peu trop simplement - que le Cardinal voulait que son armée soit à pied d'oeuvre lorsque, finalement, arrivera celle de Frédéric.

Le dimanche 4 juillet 1221, le légat Pélage ordonna un jeûne de trois jours dans le camp des Croisés. Le surlendemain, mardi 6 juillet, il se mit à la tête d'une procession depuis Damiette jusqu'au camp militaire récemment installé à l'extérieur de la cité. Le jour suivant, le mercredi 7 juillet, le roi Jean de Brienne revint d'Acre à Damiette, à la demande de Pélage.[102] Le roi revint de mauvais gré, pessimiste qu'il était quant à l'issue finale du combat. Mais il ne voulait pas être traité de lâche, ni taxé de manque d'esprit de coopération; ce qui aurait fait de lui, en fin de compte, le responsable de l'échec de la Croisade.

---

[102] "Li rois vit bien qu'il li estevoit aler apriès, car s'il n'y aloit, il lor mescheroit, et il i aroit grant blasme", *Ernoul*, p. 443. Selon Olivier, ch. 54, p. 257, le roi revint le lendemain de la procession au camp. La *Chronicon St. Martini Turonensis* affirme que le roi Jean était revenu de son propre gré, mais ajoute qu'il était en désaccord avec les plans de campagne du Cardinal-légat. Selon *Eracles*, p. 349, le roi serait revenu par Chypre.

Lorsque Jean de Brienne arriva, l'armée avait déjà plié bagage et campait dans les jardins de Damiette, en banlieue. Il semble qu'à cette heure suprême une dernière chance ait été offerte aux Chrétiens. A la nouvelle de la marche prochaine des Francs sur Le Caire, le sultan Malik al-Kâmil, inquiet malgré toutes les précautions qu'il avait prises, fit précipitamment évacuer la ville par toute la population en état de porter les armes, n'y laissant que les vieillards, les femmes et les enfants, tant il doutait encore de la victoire.[103] De tous les chroniqueurs, seul Ernoul affirme que, renouvelant une dernière fois ses propositions, il offrit encore aux Francs le royaume de Jérusalem contre la paix: "Quant li Sarrasin - écrit Ernoul - oïrent dire que li crestien s'apareilloient por aller al Chahaire, si manda li soudans al Cardinal et as crestiens que, s'il le voloit rendre Damiete, il li renderoit toute la tiere de Jhérusalem, si comme il l'avoient tenue, fors le Crac; et si refremeroit Jhérusalem à son coust et tous les castiaus que estoient abatu; et si donroit trives à XXX ans, tant qu'il poroient bien avoir garnie la tiere des crestiens. Acele pais s'acorda li Temple et li Ospitauz et li baron de la tiere. Mais li cardinal ne s'i acorda pas, ains mut et fist movoir tous les barons de l'ost, fors les garisons, por aler à la Chahaire".[104]

Non seulement Pélage fit rejeter d'office les dernières propositions de paix du sultan, mais ce fut à peine s'il consentit à attendre quatre jours pour permettre au roi Jean de Brienne que débarquait de se rendre à l'expédition.[105] Le cinquième jour, la marche sur Le Caire commença en longeant la rive orientale du Nil, par Fariskur et Sharamsah: "Cil qui ce conseil lor donnerent-écrit énergiquement Ernoul - lor donnerent

---

[103] Cf. *L'Histoire des patriarches d'Alexandrie relatifs au siège de Damiette*, traduite par E. Blochet, dans *Revue de l'Orient latin*, XI, Paris, p. 256.
[104] *Ernoul*, p. 442, cité d'après R. Grousset, *op. cit.*, t. III, p. 237.
[105] *Eracles*, p. 350. Le chanoine Olivier, quant à lui, cherche au contraire à justifier Pélage.

conseil d'auls noier".[106] En ëffet, on approchait de la fin du mois de juillet. C'était, on le verra, le moment où, comme chaque année, on ouvrait les écluses à l'inondation du Nil.

A Fariskur, le légat distribua des gratifications aux mercenaires et fit approvisionner les galères en munitions. Secondé par le roi Jean de Brienne et le duc Louis de Bavière, Pélage répartit l'armée en rangs serrés de bataille: six cent trente navires[107] de tailles diverses fournissaient la protection contre les attaques sur le flanc droit de l'armée, près du fleuve; quarante mille fantassins constituaient le flanc gauche. Au centre, se trouvaient les chevaliers, au nombre de cinq mille approximativement, que précédaient quelque quatre mille archers, dont deux mille cinq cents mercenaires.[108] Quant aux pèlerins, transportant leurs biens personnels, ils marchaient en se protégeant le long du fleuve, tout en ayant pour mission d'approvisionner les combattants en eau.

Les Musulmans, après deux vaines tentatives pour arrêter les Chrétiens, les 19 et 20 juillet,[109] se retirèrent de la cité de Sharamsah. Se rendant toutefois compte qu'ils ne pourraient y subir un siège, les Musulmans évacuèrent les habitants, démolirent les fortifications et se retirèrent en amont du Nil, tout en abandonnant beaucoup de provisions, surtout en céréales et en fruits, aux forces chrétiennes. Dès que les Croisés se furent installés à Sharamsah, le roi Jean de Brienne semble avoir repris la discussion avec Pélage afin d'essayer de le persuader de rester sur place et de ne pas tenter d'avancer.[110] Le roi croyait-il vraiment que l'Egypte allait succomber

---

[106] Ernoul, p. 440; cité d'après R. Grousset, *loc. cit.*

[107] Olivier, ch. 57, p. 259–260.

[108] *Ibid.*, p. 259.

[109] *Ibid.*, ch. 58, p. 261.

[110] Les affirmations que l'on attribue au roi Jean de Brienne, si toutefois elles sont exactes, ne peuvent qu'avoir un caractère strictement rhétorique. A Fariskur, on lui attribue la déclaration suivante: "Quant nous aurons conquis l'Egypte en vingt années nous aurons encore mené rapidement les choses". A Sharamsah, il aurait conseillé d'attendre pendant une année, puis, à l'aide de

en deux jours, après l'arrivée de nouvelles troupes? Quoi qu'il en soit, et sur l'insistance du légat, selon lequel c'était là leur dernière chance de succès, le roi finit par accepter, tout en se doutant du résultat d'une telle action. La source mentionnée ajoute: "S'il n'avait pas agi de cette façon, les Francs l'auraient massacré".[111]

Peut-on en conclure que la masse du peuple se trouvait une fois de plus déchaînée, comme cela avait déjà été le cas, le 29 août 1219? Selon certains indices, l'on pourrait répondre par l'affirmative. Le chanoine Olivier, tout en blâmant les chefs croisés de leur avance vers l'intérieur du pays,[112] affirme que les gens du peuple, ayant entendu une rumeur, fausse d'ailleurs, selon laquelle le sultan allait s'enfuir du Caire, tout comme il l'avait fait d'al-Adiliya, deux ans et demi auparavant, le 5 février 1219, s'adonnèrent entièrement au pillage, "tels des oiseaux dans un piège".[113]

L'*Histoire des patriarches d'Alexandrie,* écrite sur les données des chrétiens indigènes, reconstitue ce curieux dialogue entre le roi Jean et le légat Pélage,[114] dialogue qu'elle place au moment de la marche sur Le Caire, et qui traduit assez bien la position respective des deux chefs de la Croisade: " . . . C'était le légat qui avait donné le conseil de sortir de Damiette et le prince d'Acre [= Jean de Brienne] ne put s'y opposer par crainte de passer pour un traitre. Il avait dit dans

---

renforts, "l'Egypte sera à nos pieds en deux jours", cf. *Histoire de patriarches* . . . tr. citée, p. 259. Quant à la *Chronicon, St. Martini Touronensis,* éd. citée, p. 310, elle déclare: "Videns autem rex animum Pelagii non posse a proposito removeri, invitus promittit se cum eo illico profecturum". *Eracles,* par contre, fait remarquer que Pélage en appela au roi Jean de Brienne à l'heure de la crise et que ce dernier répondit: "Sire legaz, mau fussiez vos onques issue d'Espaigne, car vos avez les crestiens destruis et mis a tout perdre", éd. citée, p. 351.

[111] *Histoire des patriarches,* p. 260.
[112] Cf. Olivier, ch. 71, p. 268.
[113] "Populus spes prede . . . properabant sicut aves ad laquem et pisces ad megarim", Olivier, ch. 70, p. 267.
[114] Cf. ci-dessus, p. 43.

cette circonstance: "Il ne faut pas que nous sortions de la ville avant d'avoir reçu les renforts que l'Empereur [Frédéric II] nous enverra. Resterions-nous derrière nos fossés pendant mille ans que nous n'aurions rien à redouter, quand nous serions attaqués par des armées aussi nombreuses que les grains de sable du désert. Le plus que les Musulmans pourront faire, sera de nous assiéger dans Damiette pendant un mois, deux mois, trois mois, mais ils ne pourront venir à bout de notre résistance, et chacun d'eux s'en retournera alors chez lui. Pendant ce temps nous nous fortifierons, nous dresserons nos plans avec certitude. Quand nous aurons conquis l'Egypte en vingt années, nous aurons encore mené rapidement les choses!" Ces paroles ne furent pas écoutées et le légat lui dit: "Tu es un traître!" Le roi d'Acre répliqua: "Je m'associerai à ta sortie, et Dieu fera ce qu'Il voudra!" Ils sortirent de Damiette et arrivèrent à Sharamsah. Le prince d'Acre dit: "Je crois qu'il serait sage que nous en restions ici pour le moment, que nous creusions un fossé autour de nous et que nous ensemencions la terre que s'étend d'ici jusqu'à Damiette; notre flotte gardera le contact avec nous, et un oiseau ne pourra même pas voler (sans notre permission) entre nous et Damiette. Quand les troupes du sultan seront affaiblies et que nous aurons reçu des renforts (= de l'Empereur Frédéric II), l'Egypte sera à nos pieds sans pouvoir faire la moindre résistance". Le légat lui répondit: "Tu es un traître! nous ne nous emparerons jamais de l'Egypte si ce n'est maintenant".[115]

Le 19 juillet 1221, l'armée chrétienne en marche vers le sud rencontra pour la première fois les avant-gardes musulmanes, mais celles-ci se replièrent, de sorte que les Francs purent, le 21 juillet, occuper sans lutte Sharamsah abandonnée. C'est que le sultan Malik al-Kâmil ne voulait pas engager

---

[115] Tr. citée, p. 259–260. Voir R. Grousset, *op. cit.*, p. 237–238.

l'action avant d'avoir reçu les renforts considérables que lui amenaient ses deux frères.

A ce moment, en effet, les Aiyûbides étaient en train de regrouper leurs forces. Après la chute de Damiette, on l'a vu,[116] le sultan de Damas al-Mu'azzam était parti pour la Syrie afin d'achever le démantèlement de Jérusalem en vue de la réoccupation, jugée inévitable, de la ville par les Francs. Le refus de négocier de Pélage paralysant Jean de Brienne, al-Mu'azzam revint en Egypte à l'été de 1221. Et non seulement il amenait à al-Kâmil toutes les forces de la Syrie musulmane, mais il avait réussi à se faire suivre de leur troisième frère, al-Asraf, sultan de Mésopotamie, dont l'indolence et la légèreté s'était tenue jusque-là à l'écart de la guerre et qui, enfin rallié au *jihad*, à la guerre sainte, y apportait maintenant une ardeur de néophyte, sans parler du concours de son excellente armée.[117] Le 21 juillet 1221,[118] les deux frères arrivèrent à la Mansourah où al-Kâmil avait établi son camp. Le groupement des trois frères aiyûbides et de leurs trois armées allait leur permettre de porter à l'armée franque le coup final, ou plutôt, "tant le commandement du légat avait été funeste, d'en triompher sans coup férir".[119]

Les autorités musulmanes venaient d'imposer lourdement tous leurs territoires et sujets, même les Melkites, les Coptes et les juifs. Toutes personnes capables de porter les armes furent appelées sous les drapeaux, au Caire comme à Alexandrie.[120] L'arrivée d'al-Ashraf et de son armée syrienne fut probablement décisive, après que le sultan eut été persuadé que les Chrétiens représentaient, somme toute, pour

---

[116] Cf. ci-dessus, p. 27.
[117] Voir R. Grousset, *op. cit.*, p. 238–239.
[118] *Ibid.*, p. 239.
[119] *Ibid.*
[120] *Histoire des patriarches*, p. 250–251.

l'Islam, un danger plus grand et permanent, beaucoup plus que les maraudeurs irréguliers de Gengis-Khan.[121]

Pélage et les Maîtres des Ordres avaient été avertis de l'arrivée de ces armées musulmanes orientales par la reine Alice de Chypre et par les Frères des Ordres.[122] Ces messages comportaient également des conseils de sagesse et de modération. On leur suggérait de ne point sortir de Damiette, ou, au cas où ils en seraient déjà sortis, de s'établir dans une position inexpugnable. Malheureusement, comme le dit Olivier, avec son habituelle réserve cléricale, "consilium sanum a principibus nostris fuerat elongatum".[123] Quelque dix mille Croisés semblent néanmoins, ayant agi sagement sinon héroïquement, avoir sacrifié la valeur à la discrétion et échappé au piège que les Musulmans étaient en train de tendre à l'armée chrétienne.[124]

Entre temps, l'erreur fatale de sortir de Sharamsah avait été bientôt suivie d'une faute irréparable de la part des Chrétiens. A peu de distance au sud de la cité il y avait un embranchement du fleuve, où un courant prenait sa source en direction ouest. Ce fait sembla aux Croisés de fort peu d'importance, dans leur hâte d'atteindre La Caire.[125] Mais il ne mirent pas longtemps à regretter sérieusement de n'avoir pas laissé une partie de leur flotte et quelques troupes pour garder l'entrée de l'embranchement. Ce fut justement au moyen de cet affluent du fleuve que les Musulmans coupèrent la seule voie de repli possible pour les Chrétiens.

---

[121] *Ibid.*, p. 256–257 et Olivier, ch. 71, p. 268.

[122] Olivier, *ibid.*

[123] *Ibid.*

[124] Cf. J. Donovan, *op. cit.*, p. 91.

[125] Olivier, ch. 70, p. 267. Pour cette position du fleuve, voir Hermann Hoogeweg, "Der Kreuzzug von Damiette 1218–1221", dans *Mittheilungen des Instituts für Oesterreichische Geschichtsforschung*, IX, p. 433, n. 2 et M. Reinaud, "Histoire de la sixième Croisade et de la prise de Damiette d'après les écrivains arabes", dans *Journal asiatique*, VIII, 1826, p. 151, n. 1.

Le samedi 24 juillet 1221,[126] les Croisés atteignirent l'entrée du canal Achmoum, qui mène vers le nord, au lac Menzaleh. Là, ils campèrent face aux fortifications musulmanes de Mansourah, sur l'autre rive du canal Achmoum et face à la vieille cité de Talkha, sur la rive gauche du Nil.[127]

Deux autres manoeuvres musulmanes prirent les Chrétiens par surprise et complétèrent la fermeture du piège. Les armées d'al-Mu'azzam et d'al-Ashraf traversèrent le canal Achmoum et vinrent s'installer au nord des Chrétiens, entre ceux-ci et Damiette, leur interdisant ainsi toute retraite possible par voie terrestre.[128] La tactique d'al-Kâmil consista à envoyer des galères à travers le cours d'eau qui se versait dans le Nil, entre le camp des Croisés et Sharamsah, puis de couler quelques-unes de ces galères dans le Nil. Non seulement il ne restait aux Chrétiens aucun moyen de s'échapper, mais encore toutes communications furent coupées entre eux et Damiette.[129]

L'armée franque, engagée ainsi dans le triangle formé par le lac Menzaleh, la branche de Damiette et le cours d'eau, Bahr al-Saghir,[130] se trouva bientôt dans une situation impossible. A la droite des Francs, sur le Nil, les galères égyptiennes, embossées entre l'escadre franque et Damiette, interceptaient leurs communications par eau avec cette ville et coupaient leur ravitaillement. Or, le légat, assuré qu'on allait s'emparer des dépôts ennemis, n'avait fait emporter qu'une quantité insuffisante de vivres. En avant, à la bifurcation de la branche de Damiette et du Bahr al-Saghir, ou, comme dit le *Livre d'Eracles*, vers "l'éperon" qui termine la pointe du triangle et qu'ils atteignirent le 24 juillet 1221, les Francs se

---

[126] La veille de la Saint-Jacques. Cf. Olivier, ch. 59, p. 261.

[127] Olivier, *loc. cit.*, décrit ce triangle comme étant formé par la rivière Tanis et la branche du Nil sur laquelle est située Damiette.

[128] Olivier, ch. 74, p. 270.

[129] *Ibid.*, ch. 72, p. 269–270.

[130] Cf. R. Gousset, *op. cit.*, p. 239.

heurtaient à la nouvelle forteresse qu'al-Kâmil venait de construire en face, de l'autre côté du fleuve, pour couvrir la route du Caire, et qu'il avait, par anticipation, appelée al-Mansourah, "la victorieuse".[131] De plus; quand les Francs furent suffisamment engagés dans cette impasse, les Musulmans coupèrent les digues, et l'eau envahit la plaine, ne laissant aux Francs qu'une étroite chaussée au milieu de l'inondation. On songea alors à revenir à Damiette, mais le sultan, ayant jeté un pont sur le Bahr al-Saghir, venait de lancer entre l'armée franque et Damiette un détachement qui coupait désormais la retraite des Francs.[132]

Complètement encerclés par les Musulmans et par l'eau, les Croisés se trouvèrent mis en demeure de prendre une décision rapide. Ils avaient le choix entre une tentative désespérée de se frayer un passage parmi les rangs de l'ennemi, situé au nord de leur camp, ou, ainsi qu'un Croisé de rang modeste semble l'avoir suggéré au Conseil de guerre, de rationner l'approvisionnement pour une durée de vingt jours et de se défendre jusqu'à l'arrivée de renforts.[133] La majorité de ce Conseil, apparemment influencée par l'évêque de Passau et par les Bavarois, décida une retraite immédiate.[134]

Dans la nuit du 26 août, les Francs commencèrent enfin à battre en retraite, non sans un acte initial de parfaite stupidité de la part des chevaliers Teutons. Ils incendièrent leurs tentes et leurs bagages inutiles, signalant ainsi, à leur insu, aux Musulmans d'en face, de l'autre côté du fleuve, que la retraite venait de commencer.[135] Ils comptaient, sans doute, après avoir levé le camp, écraser les troupes ennemies qui leur barraient le chemin du retour vers Damiette. Ils pensaient

---

[131] *Ibid.*
[132] *Ibid.*
[133] Olivier, ch. 73, p. 270. Ce "quidam autem de minoribus" n'était autre que le chanoine lui-même, ainsi qu'il ressort du contexte.
[134] *Ibid.*
[135] *Histoire de patriarches,* p. 257.

50

probablement que l'ennemi ne pourrait leur résister et qu'ils parviendraient ainsi à rentrer dans la ville.

D'autres soldats chrétiens, dépourvus totalement de tout sens des valeurs, refusèrent d'abandonner sur place les abondantes provisions de vin. Mais, l'ayant consommé, ils durent être abandonnés eux-mêmes. Le chanoine Olivier suppose qu'ils durent errer dans l'obscurité au milieu des joncs ou bien tomber dans les navires jusqu'à faire couler ces embarcations devenues subitement excessivement encombrées. Ou bien, nous dit encore le chroniqueur clérical, sans broncher, ils passèrent du sommeil profond au repos éternel, aidés en cela par les Musulmans. [136]

Or, on se trouvait au moment de la crue du Nil et les Francs n'avaient aucune connaissance des conditions hydrographiques du pays. Pendant que l'armée chrétienne luttait désespérément contre l'obscurité, dans la confusion la plus totale, le sultan ordonna d'ouvrir les écluses des canaux qui se trouvaient sur leur chemin et d'éventrer ou de faire sauter les digues de tous côtés. [137] Il fut alors impossible aux Croisés de combattre. Les genoux dans le bourbier, ils glissaient sans cesse et ne pouvaient atteindre l'ennemi qui les criblait de flèches. En même temps, sur le fleuve, le navire du légat, transportant les blessés et les provisions, fut emporté au loin par le courant rapide de l'eau, laissant tout le monde sans nourriture. Il s'écarta aussi des autres galères de la flotte croisée, dont une grande partie furent saisies par les Musulmans.

Au matin du 25 août, l'armée chrétienne parvint, au prix de difficultés inouïes, jusqu'à Baramoun. [138] L'endroit était mal situé pour offrir quelque protection que ce soit. De plus, l'ennemi n'eut de cesse de harceler les Croisés, en poussant

---

[136] Olivier, ch. 74, p. 270.
[137] *Ibid.*, p. 272.
[138] *Histoire des patriarches, loc. cit.*

son avantage, avec la cavalerie turque, sur la droite, des galères le long du fleuve, à gauche, une troupe d'Ethiopiens attaquant sauvagement l'arrière-garde et une ligne solide bloquant toute retraite. Dans la bataille serrée qui se poursuivit pendant toute la journée du vendredi 26 août, le roi Jean de Brienne essaya d'arrêter les Turcs, tandis que les Templiers et les Hospitaliers repoussaient les Ethiopiens, en en tuant un millier d'hommes. Les rescapés parmi les Ethiopiens revinrent sur les lieux le samedi, avant l'aube, pour prendre leur revanche au camp chrétien. Puisque les écluses avaient été ouvertes,[139] toute résistance de la part des Croisés était devenue impossible.

Le Cardinal Pélage, éperdu, implora alors Jean de Brienne qu'il avait si cavalièrement traité jusque-là. La chronique d'*Eracles* nous a conservé l'écho de ce dramatique dialogue: "Li legas li dist: "Sire, por Deu, mostrés a ce besoing vostre sen et vostre valor!" Li roi Johan li respondi: "Sire legaz, sire legaz, mal fussiez-vos onques issu d'Espaigne, car vos avez les Crestiens destruis et mis a tout perdre. Si me venés dire que je y mete conseil, ce que nus ne porroit faire, fors Deu, sane honte et sane damage, car vos vées bien que nos ne poons a eauz avenir pour combattre, ne de ci nos ne poons partir, ne héberger por l'iauc, ne nous n'avons viandes por les gens ne por les chevaus!"[140]

Il ne restait plus qu'à offrir au sultan la reddition de Damiette contre la possibilité pour l'armée chrétienne de se retirer. Al-Kâmil se rendait parfaitement compte de la détresse des Chrétiens, mais il reçut encore confirmation de la bouche d'un certain Imbert, un ancien Croisé ayant assisté au Conseil du Cardinal Pélage et qui aurait entre-temps déserté et rejoint

---

[139] Olivier ne semble pas certain que l'ouverture des écluses ait été ordonnée par le sultan: " . . . sive mandante soldano sive rem ignorante", cf. *op. cit.*, ch. 75, p. 273.

[140] *Eracles*, II, p. 351, cité d'après R. Grousset, *op. cit.*, p. 240.

le camp du sultan.[141] Celui-ci ne fut donc nullement surpris lorsque les Chrétiens envoyèrent auprès de lui, le samedi 28 août, Guillaume de Gibelet, afin de négocier la paix. Que les Croisés, dans l'état de détresse où ils se trouvaient, aient pu avancer des propositions, voilà qui aurait pu paraître comme de la pure arrogance de leur part. Il y avait pourtant des circonstances qui, aux yeux du sultan al-Kâmil, pourraient jouer en leur faveur. La poursuite des combats augmenterait certainement les pertes musulmanes sans pour autant assurer la conquête de Damiette, puisque le bruit courait que la cité serait défendue par quatre-vingt-dix mille chevaliers et soldats. De plus, Frédéric II et son armée pourraient bientôt faire leur apparition sur le théâtre de guerre. L'*Histoire des patriarches d'Alexandrie* explique très clairement ce raisonnement du sultan: "Al-Kâmil estimait qu'on pouvait accepter ces conditions, mais l'avis de ses frères était tout différent. Ils voulaient que, puisqu'on tenait les Francs ainsi acculés, on les anéantît jusqu'au dernier. Al-Kâmil craignait qu'en aggisant ainsi, les Francs qui restaient dans Damiette ne se refusassent à la livrer aux Musulmans et que l'on ne fût obligé d'assiéger pendant longtemps cette place forte dont les Francs avaient encore accru le système de défense. Pendant ce temps on pouvait redouter que les rois francs d'outre-mer, excités par le massacre de leurs coreligionnaires, n'envoyassent des renforts à la garnison de Damiette. D'ailleurs l'armée musulmane, fatiguée par trois ans de guerre, aspirait au repos".[142]

L'on ne nous dit point quelles furent les demandes des Chrétiens et qui firent que les pourparlers se prolongèrent jusque tard dans la nuit de dimanche. Quoi qu'il en soit, ne pouvant plus endurer la faim, les Chrétiens se rendirent, le lundi 30 août 1221.[143]

---

[141] Olivier, ch. 76, p. 273.
[142] *Histoire des patriarches*, p. 257–258. Cité d'après R. Grousset, p. 241.
[143] Olivier, ch. 78, p. 274.

Aux termes de l'accord conclu, on devait procéder à un échange de prisonniers en Egypte et en Syrie, les Musulmans s'engageant à rendre la partie de la vraie Croix qu'ils détenaient et les Croisés, pour leur part, acceptaient d'évacuer Damiette et d'observer une trêve de huit ans. Cette dernière stipulation devait toutefois être soumise à l'approbation de l'Empereur. De plus, chacune des deux armées prenait des otages dans l'armée adverse, en attendant le retour des Croisés à Damiette et la remise de la cité. Le sultan choisit Pélage, le roi Jean, le duc de Bavière, les Maîtres des Ordres ainsi que dix-huit autres barons. Il offrit, en échange, son fils, l'un de ses nombreux frères et des fils de nobles.[144]

Ces dispositions, au premier rang desquelles figure la crainte de l'arrivée de l'escadre impériale qui cinglait en effet vers l'Egypte, expliquent l'accueil que fit al-Kâmil au parlementaire franc Guillaume de Gibelet, puis au roi Jean lui-même qui vint achever les négociations. L'*Histoire des patriarches d'Alexandrie* nous montre le sultan "comblant le roi et ses compagnons de marques d'estime telles qu'il n'en avait jamais témoigné de semblables. Il leur fit donner sans compter tout ce dont ils avaient besoin, pain, pastèques, grenades, etc., et les traita avec de grands honneurs."[145] Le *Livre des Deux Jardins* nous montre de même al-Kâmil recevant royalement le prince franc. "Dans une tente splendide, ayant à ses côtés ses deux frères al-Mu'azzam, sultant de Damas, et al-Ashraf, sultan de la Jazîra, on vit le sultan d'Egypte offrir à Jean de Brienne un festin magnifique."[146]

Il ne restait qu'à faire exécuter les conditions de la paix, reddition de Damiette au sultan contre permission accordée à

[144] *Ibid.*, ch. 79, p. 276.
[145] *Histoire des patriarches*, p. 258.
[146] Cf. R. Grousset, *op. cit.*, p. 241.

l'armée franque de se retirer librement. Le légat Pélage, bien aise, nous dit Ernoul, de s'en tirer à si bon compte, avait souscrit à tout ce qu'on avait voulu. Quant à Jean de Brienne, bien que traité en roi par le sultan al-Kâmil, il demeurait comme otage au camp de ce dernier, jusqu'à l'évacuation de la cité de Damiette. Il est vrai, comme nous venons de le voir, que le fils d'al-Kâmil, fut, de son côté, remis en otage à l'armée chrétienne. Durant ce séjour de Jean de Brienne au camp musulman, il semble qu'une amitié réelle se soit établie entre lui et al-Kâmil, et l'*Histoire des patriarches d'Alexandrie* nous montre, une fois de plus, les deux souverains se comblant réciproquement de cadeaux.[147] Pour sa part, le chroniqueur Ernoul raconte une scène où se distingue bien la nature exacte de ces relations nouvellement établies : "Li Rois se seoit devant le soudan, si commencha a plorer. Li soudan regarda le Roi, se li demanda: "Sire, porcoi plorés-vous? Il n'afiert pas à roi qu'il doie plorer". Li Rois li respondi : "Sire, j'ai droit que je pleure, car je vois le pueple que Dius m'a cargié morir de faim". Li tente le soudan estoit en un tertre si qu'il veoit bien l'ost des Crestiens qui estoient en plain par desous. Si ot li soudans pitié de çou qu'il vit le roi plourer, si li dist qu'il ne plorast plus, qu'il aroient à mangier. Il lor envoia XXX mil pains por départir entre als as povres et as rices. Et ensi lor envoia il IV jors, tant qu'il furent hors de l'ève. Si lor envoia la marceandise del pain et de la viande à cels qui acater le poroient, qu'il l'acataissent; et as povres envoia chascun jor del pain, tant qu'il furent illeuc XV jor."[148]

Mieux encore, à la demande de Jean de Brienne, al-Kâmil et al-Mu'azzam consentirent à libérer la totalité des prisonniers francs détenus en Egypte et en Syrie.

Le chanoine Olivier de Paderborn, quant à lui, est plein

[147] *Histoire des patriarches*, p. 259.
[148] Ernoul, p. 446–447.

d'enthousiasme devant la générosité et l'humanité des Musulmans : "Ces mêmes Egyptiens dont nous avions naguère massacré les parents, que nous avions dépouillés et chassés de chez eux venaient nous ravitailler et nous sauver quant nous mourions de faim et que nous étions à leur merci!"[149] En dehors de la courtoisie qui, de Saladin à ses descendants, semble être comme la marque propre des Aiyûbides, il paraît à peu près évident que le sultan al-Kâmil obéissait surtout à des raisons d'ordre politique. D'une part, en effet, l'escadre italienne de quarante navires venait juste d'arriver à Damiette avec des renforts. D'autre part, il suffirait que la garnison de Damiette, encouragée par ces secours, refusât d'accepter le traité d'évacuation de la cité pour que les Musulmans perdent le bénéfice de leur victoire. Le sultan, fin politique, avait tout intérêt à empêcher une telle éventualité en se conciliant l'amitié des chefs francs, ses otages.

Au bout de quelques jours, l'on envoya à Damiette Pierre de Montaigu, Maître des Templiers, et Hermann de Salza, Maître des Chevaliers Teutons, afin de porter à la connaissance de la garnison les conditions de paix. Dans la cité, Italiens et Allemands, encouragés, comme nous venons de le voir, par l'arrivée dans le port de Damiette, dans les derniers jours du mois d'août 1221, d'une escadre italienne de quarante navires, sous la conduite du comte de Malte, Enrico Pescatore, envoyé par Frédéric II,[150] refusèrent de sanctionner le traité d'évacuation et de rendre Damiette.

De fait, la remise de Damiette aux autorités égyptiennes

---

[149] Traduction de R. Grousset, *op. cit.*, p. 242: "Qui dubitare potuit, quin a Deo processerit tanta benignitas, mansuetudo et misericordia? Illi, quorum parentes, filios et filias, fratres et sorores diversis cruciatibus occidimus, hii quorum substantiam distraximus et nudos de habitationibus ejecimus, nos fame morientes suo cibo reficiebant et multis beneficiis suis benigne nos pertractabant, cum in dominio et potestate eorum essemus constituti", cf. Olivier, append., p. 282.

[150] Olivier, ch. 80, p. 277. D'après l'*Histoire des patriarches*, p. 258, il s'agissait de quarante-cinq navires arrivés pendant les négociations de paix.

56

faillit, au dernier moment, ne pas avoir lieu. Les renforts italo-germaniques amenés par le comte de Malte avec l'évêque de Catane et le maréchal Anselme de Justingen s'opposaient d'autant plus violemment à la reddition de la place que le retard qu'ils avaient mis à arriver était pour beaucoup dans la défaite que venaient d'essuyer les Chrétiens. Si l'Empereur Frédéric II les avait envoyés quelques semaines plus tôt, leur intervention aurait sans doute pu dégager Jean de Brienne de sa position désavantageuse à Baramoun. Mais, maintenant, ils cherchaient à compenser leur retard en refusant de souscrire au traité franco-égyptien, dût l'armée franque, enveloppée par l'ennemi, être massacrée à cause de ce parjure. Naturellement, Gênois, Vénitiens et Pisans faisaient corps avec eux : pour ces citoyens des trois républiques maritimes le commerce primait tout, et ils ne pouvaient renoncer de gaieté de coeur à cette magnifique colonie de Damiette où ils avaient déjà installé comptoirs et banques. Comme les représentants du roi Jean de Brienne et, avec eux, les Croisés français, les barons syriens, les Templiers et les Hospitaliers refusaient de sacrifier l'armée en se parjurant, les Italiens recoururent à la violence et, dans Damiette même, donnèrent l'assaut à l'hôtel du roi et aux habitations des Templiers et des Hospitaliers, le 2 Septembre 1221.[151] Il fallut des menaces énergiques pour calmer cette ardeur après la bataille.

Tout le monde, finalement, tomba d'accord que la pénurie de nourriture, l'approche de l'hiver et le danger renouvelé de perdre Acre rendait toute résistance téméraire. Le sultan Malik al-Kâmil, après avoir généreusement fourni aux Chrétiens des provisions, fit son entrée à Damiette, le mercredi 8

---

[151] "Hospitalarios Sancti Johannis et Templarios rebus suis spoliaverunt pirate, militem unum nobilem et religiosum fratrem Templi in defensione depositorum interfecerunt, alium fratrem Teutonicum vulnaverunt ad mortem", cf. Olivier, *loc. cit.*

septembre 1221, le lendemain de son évacuation par les Chrétiens.[152]

Pendant ce temps, à Baramoun, l'inondation avait été circonscrite et l'armée chrétienne tirée de son impasse. L'*Histoire des patriarche d'Alexandrie* dit, a ce propos: "Le sultan s'occupa de rapatrier les Francs. Il y en eut qui demandèrent à revenir par mer; le sultan leur fournit des vivres et toutes les provisions dont ils avaient besoin pour le voyage. Il fit partir avec eux, pour les embarquer, son frère, le seigneur de Ja'bar. Il y en eut d'autres, pour qui on fit un pont de bateaux pour leur permettre de regagner Damiette."[153] Comme l'indique encore cet ouvrage, les Croisés d'Occident se rembarquèrent pour l'Europe, le roi Jean de Brienne et les Francs de Syrie pour Saint-Jean d'Acre. Avant de partir, Jean de Brienne avait conclu une trêve de huit ans avec les deux sultans aiyûbides, de 1221 à 1229. Cette paix, dont l'Empereur Frédéric II devait encore prolonger la durée, s'avéra, en fin de compte, un réel bienfait pour la Syrie franque.

La Cinquième Croisade venait de prendre fin. Elle avait failli réussir. S'il y avait eu un seul chef, sage et respecté de tous, dans l'armée chrétienne, Le Caire aurait pu être occupé et la domination aiyûbide en Egypte aurait pris fin. Avec un gouvernement amical installé dans la capitale égyptienne - car les Chrétiens n'auraient même pas osé espérer pouvoir gouverner l'Egypte eux-mêmes[154] - il n'aurait pas été impossible de reprendre la Palestine. Mais seul l'Empereur Frédéric II pouvait remplir ce rôle. Or, jamais, en dépit des promesses, il

---

[152] *Chronicon St. Martini Tournonensis*, p. 302, cité par J. Donovan, *op. cit.*, p. 94, n. 138.
[153] *Histoire des patriarches, loc. cit.*
[154] Cf. S. Runciman, *op. cit.*, p. 170.

n'arriva en Orient pendant cette Cinquième Croisade. Le Cardinal Pélage s'est avéré un homme arrogant, dépourvu de tact et, finalement, impopulaire. Ses défauts militaires se révélèrent à tous lors de la dernière offensive, désastreuse et fatale. Quant au roi Jean de Brienne, avec toute sa vaillance, il n'avait ni la personnalité ni le prestige nécessaires pour commander une armée internationale. Presque chaque étape de la campagne avait été ruinée par des jalousies, tantôt d'ordre personnel, tantôt d'ordre national. Il va sans dire que le bon sens dictait d'accepter les conditions que le sultan avait, à deux reprises, proposées et qui comprenaient la remise de Jérusalem aux Croisés. Mais les stratèges affirmaient - et ils avaient peut-être raison - que sans les châteaux de Transjordanie, Jérusalem ne pouvait être tenue, du moins aussi longtemps que les Musulmans d'Egypte et de Syrie maintenaient leur alliance. Les choses étant ce qu'elles sont, rien ne fut gagné; beaucoup fut perdu, en hommes, en ressources et en réputation. Et les victimes les plus innocentes ne furent pas les plus heureuses, en la circonstance.

D'autre part, la crainte des Chrétiens occidentaux souleva une nouvelle vague de fanatisme dans l'Islam. En Egypte, malgré l'attitude personnelle de tolérance du sultan al-Kâmil, de nouvelles mesures de répression furent prises à l'encontre des Chrétiens indigènes, tant Melkites que Coptes. L'on imposa des taxes exorbitantes, on ferma des églises, dont beaucoup furent pillées par la soldatesque musulmane déchaînée. De plus, les marchands italiens eurent le plus grand mal à retrouver leurs anciennes positions à Alexandrie. Ils ont bien recouvré leurs comptoirs, mais la confiance des Musulmans fut longue à récupérer. Il faut dire aussi que les soldats de la Croix s'en retournèrent chez eux, honteux de n'avoir pu emporter la Vraie Croix.[155]

---

[155] *Ibid.*

Avant de suivre Pélage à Saint-Jean d'Acre, en septembre 1221, les Croisés de Syrie, parmi lesquels pouvait fort bien se trouver un poète comme Huon de Saint-Quentin, étaient à même de faire le bilan des trois années écoulées. Pourquoi une Croisade, qui s'annonçait sous des auspices tellement favorables, en mai 1218, se termina-t-elle dans la misère et l'humiliation, sept ans et trois mois plus tard? Les historiens contemporains dosent les accusations et font porter le blâme de l'échec selon les erreurs commises par le Cardinal-légat, pendant les deux derniers mois de la campagne. Il est vrai qu'il a non seulement déclenché l'offensive, sachant que la saison des inondations du Nil était imminente, mais il a décidé de la poursuite de l'avance même, après avoir appris l'arrivée des armées musulmanes de Syrie. Aucun de ces facteurs n'était, en soi, un signe infaillible de défaite.[156] Dans chaque occurrence, les Musulmans dépassèrent le légat en finesse en ouvrant les écluses et en coupant la retraite des Chrétiens. Face à ces erreurs de jugement de stratégie militaire, l'on ne peut qu'ériger la force intérieure de la prophétie, inhérente à elle-même, laquelle, aux yeux de Pélage, avait sanctionné et justifié des initiatives où il était humainement impossible de réussir. Il reste, bien entendu, deux impondérables : l'influence du duc Louis de Bavière et la masse turbulente et incontrôlable du peuple.[157]

Les erreurs commises par Pélage se voient encore aggraver pendant les derniers mois de la Croisade, surtout si l'on compare son attitude à celle de l'Empereur Frédéric II et du roi Jean de Brienne. En juin 1221, le pape Honorius III avait demandé à Frédéric d'envoyer incessamment des renforts aux Croisés.[158] L'Empereur y répondit par l'envoi de l'escadre navale italienne,[159] arrivée à Damiette, fin août 1221, alors

---

[156] Cf. J. Donovan, *op. cit.*, p. 94.
[157] *Ibid.*
[158] Cf. C. A. Horoy, éd. citée, V, No. 431.
[159] Cf. ci-dessus, p. 56.

qu'il était déjà beaucoup trop tard pour sauver l'armée encerclée à Mansourah. Frédéric II, néanmoins, fut très mécontent d'apprendre la conclusion de la paix, car il n'envisageait nullement que la Croisade puisse se conclure sur un échange de Damiette contre Jérusalem. [160] De même, Jean de Brienne avait fait montre d'esprit de coopération lorsqu'il fut revenu à Damiette, sur invitation du légat. Puis, plus tard, tout en essayant d'éviter le pire par des conseils de prudence, [161] le roi combattit vaillamment et déploya tous les efforts afin de sauver l'armée d'une destruction totale.

A en juger par les preuves existantes, il n'est pas tout à fait exclu d'imputer au Cardinal-légat Pélage la plus grande part de culpabilité dans la défaite finale. Néanmoins, il ne faut pas omettre les arguments selon lesquels l'on ne saurait accuser Pélage tout seul de l'échec de la Cinquième Croisade. N'avait-elle pas déjà échoué en 1220?[162] Alors que l'armée aurait pu s'acheminer vers la victoire, l'Empereur l'en empêcha avec ses promesses vaines. De même, Jean de Brienne n'avait-il pas retiré ses hommes pour poursuivre des buts strictement personnels en Arménie, et les gens de Damiette ne s'étaient-ils pas laissés aller à l'oisiveté?[163]

Trop de facteurs inconnus et de preuves émanant de sources peu certaines empêchent d'aboutir à des conclusions précises à ce sujet. Joseph Donovan reproche d'ailleurs à René Grousset sa condamnation sans appel de Pélage: ''Il n'en était pas moins vrai, écrit l'historien français, que tout l'effort de la Cinquième Croisade était perdu, malgré les avis du roi Jean de Brienne et par la seule faute du Cardinal Pélage. Jamais responsabilité historique aussi lourde ne fut plus nettement

---

[160] ''Imperator per litteras auro bullatos pacem vel treugam componi cum Sarracenis inhibuit'', cf. Olivier, ch. 71, p. 269.
[161] Cf. J. Donovan, *op. cit.*, p. 95.
[162] *Ibid.*, p. 96.
[163] Voir ci-dessus, p. 22.

établie. Comme le dit bien Ibn al-Athîr, "Allah donna aux Musulmans une victoire sur laquelle ils ne comptaient pas, car le comble de leurs espérances consistait à récupérer Damiette en rendant aux Francs les places de la Syrie. Et voici qu'ils recouvraient Damiette tout en conservant la Syrie." Ensi fu perdue la noble citée de Damiate, écrit de son côté l'*Estoire d'Eracles*, par péché et par folie et par l'orgueil et la malice du clergé et des religions."[164] Signalons d'ailleurs ce qu'a d'excessif et de profondément injuste une telle généralisation qui étend à tout le clergé et aux ordres religieux les fautes personnelles du seul Pélage. Il reste qu'au cours de toute cette histoire nous n'avons pas rencontré d'illustration plus frappante de la lutte de l'esprit de Croisade contre l'esprit des institutions monarchiques franco-syriennes. C'étaient les conceptions en vogue et qui avaient de plus en plus tendance à subordonner la royauté hiérosolymitaine à la chrétienté tout entière... "[165]

Mais, comme le constate à juste titre l'historien américain Joseph Donovan,[166] avant cette condamnation contemporaine, les jugements ont varié pendant les sept siècles et demi qui nous séparent des événements en question. Donovan cite cette phrase d'un moine de Melrose, du XIIIe siècle: "Quibus tamen meritis vel quo Dei judicio hoc evenerit, ignoratur,"[167] à propos de ces événements de l'année 1221. D'autres contemporains évoquaient encore *peccatis exigentibus*,[168] la discorde parmi les Chrétiens, los retards accumulés par Frédéric II, et, pour comble de tout, ce que le chanoine Olivier résume en trois péches: "l'amour du luxe, l'ambition et le désir de sédition."[169]

---

164 *Eracles*, II, p. 352.
165 Cf. R. Grousset, *op. cit.*, p. 244–246.
166 *Op. cit.*, p. 96–97.
167 *Annales Melrosenses*, éd. R. Pauli, dans *M.G.H. Scriptores*, IX, Hanover, 1851, p. 431.
168 Voir, par exemple, J. Donovan, *op. cit.*, p. 96, n. 154 et ci-dessus, p. 3.
169 Oliver, ch. 82, p. 277.

Et Joseph Donovan de conclure: "Tenant le verdict de l'historien français contemporain présent à l'esprit, il est surprenant de découvrir qu'un nombre très restreint d'écrivains du XIIIe siècle, qu'il s'agisse de chroniqueurs[170] ou de poètes,[171] attribuent la culpabilité à Pélage exclusivement. Cette surprise devient suspicion lorsque ces critiques (de Pélage) s'avèrent être tous des Français. Se peut-il qu'en accusant le Cardinal d'une manière incontestée, l'on essaye de détourner l'attention d'une tache sur les écussons de Jean de Brienne et des barons français?"[172]

Il est temps maintenant de voir ce qu'en pense le trouvère Huon de Saint-Quentin, dans ses deux poèmes de Croisade parvenus jusqu'à nous. Les deux pastourelles viendront ensuite compléter, dans la mesure du possible, le portrait que nous aurons pu nous faire de ce poète, contemporain et probablement témoin oculaire de la Cinquième Croisade.

---

[170] "Et hoc totum adscribitur illi cardinali Pelagio", cf. Albéric des Trois-Fontaines, éd. citée, p. 701. Cf. aussi Ernoul, p. 417.
[171] Ces poètes sont cités par Palmer A. Throop, dans *Criticism of the Crusade: A Study of Public Opinion and Crusade Propaganda*, Amsterdam, 1940 et dans "Criticism of Papal Crusade Policy in Old French and Provençal", in *Speculum*, XIII, 1938, p. 379–412.
[172] Cf. J. Donovan, *op. cit.*, p. 96–97.

Huon
de
Saint-Quentin

A. L'homme et l'oeuvre

Comme pour presque la totalité des poètes de l'époque, nous ne connaissons aucun détail au sujet de la vie de Huon de Saint-Quentin.

Dans sa brève étude sur le poète, Paulin Paris, dans *Histoire littéraire de la France*, t. 23, Paris, 1856, p. 621–623, écrit n'avoir trouvé aucune indication sur la vie de Hue de Saint-Quentin, et se contente d'étudier, très sommairement, les "deux chansons conservées sous son nom", une pastourelle et une "satire contre les chevaliers".

Deux ans plus tard, en 1858, La *Nouvelle biographie générale* nous apprend, au t. 25, l'existence de Hue de Saint-Quentin, trouvère français du XIIIe siècle, et qu'il ne reste de "ses diverses productions" que deux chansons, dont la seconde nous instruit sur le fait que le poète s'était croisé et qu'il "se qualifie de châtelain d'Arras" (sic!). Il y a, ici, bien entendu, confusion de la part de l'auteur de cette très brève notice biographique.

Laissant de côté les quelques lignes qu'a consacrées au trouvère Gustave Gröber, dans son monumental *Grundriss der romanischen Philologie*, II, 1, p. 681 et 705, ainsi d'ailleurs qu'Ulysse Chevalier, dans son *Répertoire des sources historiques du moyen âge, Bio-bibliographie,* t. I, Paris, 1905, col. 2216, il nous faut mentionner, une fois de plus, la notice du *Dictionnaire des Lettres françaises—le moyen âge.*[1]

Ainsi se voit épuiser toute notre connaissance au sujet de la vie de ce personnage. Il faut néanmoins ajouter, dès le début, que les quatre pièces qui nous restent de lui peuvent nous éclairer sur l'un des aspects peut-être les plus originaux de ce poète, à savoir le fait qu'il semble avoir exercé ses talents poétiques dans deux genres au moins, le satirique et le lyrique, ce qui n'est pas souvent le cas pour les trouvères de la première moitié du XIIIe siècle.

Nous avons donc, de Huon de Saint-Quentin, deux poèmes satiriques: un serventois ou une Chanson de Croisade, et une *Complainte de Jérusalem,* ayant tous deux pour prétexte le même événement historique: la chute de Damiette, en 1221—et deux pastourelles, *Par desous l'ombre d'un bois* et *A l'entrant des temps salvage*[2].

Les deux premiers poèmes, empreints d'une verve satirique assez puissante, s'inscrivent dans la lignée des oeuvres qui, à la fin du XIIe et au début du XIIIe siècle, surtout, critiquent l'Eglise, le comportement des prélats et, d'une manière plus précise, la politique apostolique et romaine à propos de la conduite des croisades.

La croisade a été un fait capital de la chrétienté médiévale, pendant plusieurs siècles; "elle a marqué le transfert du centre de la civilisation de Byzance et de l'Arabie en Occident".[3] Il était donc tout à fait normal que, à côté des prédications, les poètes exaltent, eux aussi, la croisade et l'idée du combat au nom de la chrétienté. Ces *Chansons de Croisade,* qui

---

[1] Voir aussi ci-dessus, p. 2.
[2] Pour les problèmes que peut soulever l'attribution de ces pastourelles, voir ci-après, p. 117 et 121–122.
[3] Jean Dufournet, *Rutebeuf. Poèmes de l'infortune et poèmes de la croisade,* Paris, Champion, 1979, p. 91.

forment un vrai genre littéraire, ne peuvent que se constituer sur des thèmes et des modèles existant déjà, surtout dans les sermons des prédicateurs. Mais cette application satirique de la prédication n'en reste pas moins originale, puisque témoin de son époque et du milieu qui l'a suscitée.[4] Une grande partie de ces textes satiriques a été publiée par Joseph Bédier et Pierre Aubry, *Les Chansons de Croisade*, Paris, 1909.

La plupart de ces chansons sont anonymes, mais certaines sont l'oeuvre de poètes bien connus, tels Conon de Béthune, Huon d'Oisi, Thibaut de Champagne, et bien d'autres encore. L'édition de Bédier et Aubry comporte également le serventois de Huon de Saint Quentin, *Jerusalem se plaint et li païs*, p. 145–151.

Pour essayer de pénétrer dans ce monde de la croisade et en comprendre à la fois la complexité et l'impact décisif qu'il a pu avoir sur les trouvères, il est utile d'aborder l'examen succinct et rapide d'un certain nombre de croyances et de modèles de pensée.[5]

Bien que le mot *croisade* n'apparaisse pas dans les textes, pour manifester son désir de participer à l'entreprise, on *se croise* ou *on prend la croix*.

La croisade est un *pèlerinage*[6] et l'a toujours été, du moins depuis les premiers temps du Christianisme. La croisade n'a été, au début, qu'un pèlerinage doublé d'opérations militaires, justifiées par les événements critiques survenus au Proche Orient et qui allaient changer la face du monde.

La croisade est aussi un *voyage*, une *voie*[7] outremer.

Au coeur des préoccupations des poètes de la croisade,

---

[4] *Ibid.*
[5] C'est ce qu'a fait brillamment Jean Dufournet, *ibid.*, p. 91 ss. Nous ne pouvons que renvoyer le lecteur à ces pages très instructives et qui donnent un aperçu complet de la question, pour le milieu et la deuxième moitié du XIIIe siècle.
[6] *Ibid.*, p. 92.
[7] *Ibid.*

reflétant les buts et les intentions des combattants de la foi, l'on trouve, bien entendu, la délivrance de Jérusalem.[8] A tel point, que l'entreprise militaire prend le nom d'*Iter Hierosolymitanum*, témoin ce serventois recueilli par Bédier et Aubry et qui commence de la manière suivante:

> Jerusalem, tant es desconfrotee!
> Sur toi en est li damages venuz.[9]

Il va sans dire que les malheurs des autres villes chrétiennes, reprises par les Musulmans, émeuvent aussi guerriers et poètes. Il en fut ainsi de Damiette, après tant d'autres. Ainsi, à propos de Saint-Jean d'Acre, que les Musulmans avait prise en 1191, l'on cite la pape Célestin III, qui écrit, en 1197, dans la bulle *Cum ad propulsandam:* "la voici foulée aux pieds par les impies et souillée de leurs turpitudes; à eux pour qui elle était autre fois un objet de crainte et de terreur".[10]

L'on ne saurait trop insister sur l'importance de Jérusalem - qui figure dans le titre des deux pièces satiriques de Huon de Saint-Quentin. C'est tout d'abord, bien entendu, la ville de la rédemption où Dieu a vécu, où Il est mort et où Il a ressuscité. Jérusalem est aussi "l'image du Christ en croix, souffrant, le corps affaissé, mains et pieds cloués".[11] C'est ensuite la *Terre promise*, lieu sublime, où la Jérusalem céleste a fini par se superposer à la Jérusalem terrestre, celle-ci n'étant que la projection de celle-là: "La sagesse insondable de Dieu a voulu accorder aux chrétiens ces sanctuaires visibles ... à l'intention de ceux dont l'intelligence ne peut atteindre le Saint des Saints invisible, de façon à les acheminer graduellement vers ceux-ci".[12]

---

[8] *Ibid.,* p. 93.
[9] Ed. citée, p. 251.
[10] Jean Dufournet, *loc. cit.*
[11] *Ibid.,* p. 94.
[12] Henri D'Albano, *De peregrinante civitate Dei,* cité par Jean Richard, *L'Esprit de la Croisade,* Paris, Le Cerf, 1969 (Chrétiens de tous les temps), p. 31.

70

La croisade étant fondée sur un certain nombre de vertus symbolisées par le Christ, l'un des moyens de réussir est à coup sûr la pénitence et la conversion, la prise de conscience du péché, car la souillure de l'âme correspond à celle de Jérusalem souillée par l'Infidèle: "... nous ne doutons pas que le désastre subi par la terre de Jérusalem, qui vient d'arriver du fait de l'invasion des Sarrasins, a été surtout provoqué par les péchés des habitants de ce pays, et de tout le peuple chrétien".[13]

Pour réussir, il faut renoncer aux richesses. C'est l'esprit de pauvreté, c'est aussi le voeu formulé par les prédications de tous rangs et de toutes origines. Qu'il ait entendu ou non personnellement les prêches de Foulques de Neuilly, avant la Quatrième Croisade, une vingtaine d'années avant la chute de Damiette, ou ceux du pape Innocent III, Huon de Saint-Quentin a certainement pu, pour peu qu'il s'y soit trouvé, entendre, en Egypte même, les paroles de saint François d'Assise, le "Poverello".

Cet homme extraordinare à tous égards avait été témoin oculaire de la bataille du 29 août 1219.[14] Il était venu en Orient croyant, à l'instar de beaucoup d'autres, avant et après, qu'une mission de paix allait indubitablement amener la paix. Après la bataille, il demanda au Cardinal-légat Pélage la permission d'aller voir le sultan d'Egypte. Le légat, après quelques hésitations, accepta et le fit accompagner à Fariskur par une escorte portant le drapeau de la trêve. Les gardes musulmans se montrèrent d'abord méfiants, mais furent vite d'avis que quelqu'un d'aussi simple, doux et sale devait être un fou, un exalté, et le traitèrent avec tout les égards dus à un homme qui a été touché par la grâce de Dieu. Saint François d'Assise fut donc mené devant le sultan al-Kâmil, qu'il réussit à charmer. Le sultan écouta patiemment l'appel à la paix de son

---

[13] Grégoire VIII, bulle *Numquam melius*, 1187, citée par Jean Dufournet, *op. cit.*, p. 95, d'après Jean Richard, *op. cit.*, p. 74.
[14] Voir ci-dessus, p. 53.

hôte, mais il était trop courtois et aussi trop civilisé pour permettre à saint François de prouver la justesse de sa foi par l'épreuve du feu. Il n'accepta pas non plus qu'un débat public eût lieu sur les deux religions, chrétienne et islamique. Après avoir refusé les cadeaux offerts par le sultan, saint François s'en retourna au camp des Chrétiens, escorté par une garde militaire.[15]

Les contemporains de la chute de Damiette n'en ont pas moins l'impression de vivre une époque où l'esprit de croisade est déjà en décadence.[16] La désagrégation de l'idée de croisade, "où l'on fait fi de la paix chrétienne, où l'on oublie la pauvreté et l'honneur chevaleresque"[17] et qui est l'une des caractéristiques de la seconde moitié du XIIIe siècle, paraît néanmoins en germe déjà dans le premier quart du même siècle.

Il y a un plus d'un siècle que K. Bartsch publia les *Altfranzösische Romanzen und Pastourellen*. Dépassé sur bien des points, ce livre n'a pourtant jamais été remplacé. Certaines des chanson qu'il contient ont été publiées depuis avec l'oeuvre d'un trouvère. Ce n'est pas le cas des pastourelles, y compris les deux pièces de Huon de Saint-Quentin.[18]

Ces deux pastourelles de notre poète semblent tout à fait conformes à la définition qu'a donnée du genre M. Delbouille:

"Le chevalier-poète traverse les campagnes. Soudain lui apparaît au détour du sentier, jeune et belle, assise au bord d'une fontaine ou à l'ombre d'un bosquet, une bergère qui

---

[15] Cf. Ernoul, éd. citée, p. 434–435; *Eracles,* éd. citée. p. 348; Jacques de Vitry, éd. citée, 82. Voir aussi Paul Sabatier, *Vie de saint François d'Assise,* Paris, 1931, p. 310–313.

[16] Voir notre *Introduction.*

[17] Jean Dufournet, *op. cit.,* p. 103.

[18] Voir Michel Zink, *La pastourelle, poèsie et folklore au moyen âge,* Paris, Bordas, 1972, p. 28 ss.

garde ses moutons en chantant ou en tressant une couronne de fleurs. Il s'approche d'elle et lui offre les joies de l'amour. Pour la convaincre, il use de la flatterie, lui promet les cadeaux les plus riches et même un train de vie princier. La "pastoure" accepte quelquefois sans hésitation aucune, mais le plus souvent elle invoque son honnêteté ou la crainte que lui inspirent ses parents, objecte qu'elle est fiancée à Robin ou bien encore renvoie simplement le galant aux dames de sa condition. Dans ce cas, le séducteur insiste et tantôt voit sa prière accueillie, tantôt prend de force ce qu'on lui refuse, tantôt encore se retire devant la fierté de la bergère ou devant les menaces des bergers accourus. L'auteur raconte cette aventure comme s'il en avait été le héros.

Tel est le type 'classique', celui qui est représenté par la majorité des pastourelles".[19]

---

[19] Voir Maurice Delbouille, "Les Origines de la pastourelle"', dans *Mémoirés de l'Académie Royale de Belgique*, classe des lettres et des sciences morales et politiques, 2e série, t. 20, 1927, p. 4–5.

B. Les Manuscrits

Les quatre pièces de Huon de Saint-Quentin se trouvent actuellement conservées dans sept manuscrits, dont trois à Paris, deux à Berne et un à Oxford et La Haye, respectivement:

1) *B* = Berne, Bibliothèque de la Bourgeoisie, Codex 113.[1] C'est un volumineux in-folio de 291 feuillets de parchemin de 245 millimètres sur 350. Le manuscrit contient 36 cahiers de huit feuillets et un cahier de trois feuillets seulement. Le folio 290 mis à part, chaque page est divisée en trois colonnes de 60 lignes chacune (parfois 59). Les grandes ini-

---

[1] On trouvera l'historique et les descriptions du manuscrit, ainsi que de son contenu dans Jean Rodolphe Sinner, *Catalogus Codicum mss. Bibliothecae Bernensis*, t.II, Berne, 1770, p. 389–391 et t. III, Berne, 1772, p. 344–355; Achille Jubinal, *Rapport à M. le Ministre de l'Instruction Publique, suivi de quelques pièces inédites tirées des manuscrits de la bibliothèque de Berne*, Paris, Librairie spéciale des Sociétés Savantes, 1838, p. 57–65 (réimprimé dans J.-P. Migne, *Dictionnaire des manuscrits*, Paris, 1853, col. 1663); Alfred Rochat, *Uber einen bisher unbekannten Percheval li Galois*, Zürich, 1855, vii–x; Hermann Hagen, *Catalogus Codicum Bernensium*, Berne, 1875 (les notices des mss. français ont été établies par Gustav Gröber); Edmund Stengel, *Li Romans Durmart le Galois*, Stuttgart, 1873, p. 448–457; Joseph Gildea, *Drumart le Galois*, t. II, Villanova, Pennsylvanie, 1966, p. 7–17.

tiales, qui sont en rouge, brun et bleu et dont il y a d'ordinaire une par colonne, empiètent en général sur six ou huit lignes. Lorsqu'il s'agit d'un poème, le nombre de vers se trouve réduit à 56 ou 57 par colonne. Ces initiales n'indiquent pas toujours des divisions logiques.

La table des matières du manuscrit figure au verso du premier feuillet de garde, mais elle est incomplète.

La *Complainte de Jérusalem contre Rome* de Huon de Saint-Quentin y occupe les fol. 198 v⁰–199 r⁰. Le manuscrit comprend, entre autres, *La chanson des Loheraine* (fol. 1–86 v⁰); *Li Romans de Percheval le Galois* (fol. 87 r⁰–115 v⁰); *Li cronikes de la terre d'outre mer*, qui n'est autre que la *Chronique* d'Ernoul (fol. 116 r⁰–116 v⁰); *Li Romans de Durmart le Galois* (fol. 236 r⁰–283 r⁰) et *Li hystories del saint Graal* (fol. 283 v⁰–290 v⁰).

2) C = Berne, Bibliothèque de la Bourgeoisie, Codex 389.

Au folio 96, on trouve le serventois *Jerusalem se plaint*, sans titre et sans numérotation de vers.

3) D = Oxford, Bibliothèque Bodléienne, MS. Digby 86.

La bibliographie autour de ce manuscrit est très vaste.[2] La plus grande partie du manuscrit, fols. 1–80 et 97–207, sont de la même main, écrits probablement dans le Worcestershire,

---

[2] Les principales descriptions se trouvent dans Edmund Stengel, *Codex manuscriptus Digby 86*, Halle, 1871, p. 106–118; Gulielmus D. Macray, *Catalogi Codicum Manuscriptorum Bibliothecae Bodlieanae Pars Nona*: Codices a viro clarissimo K. Digby, E. Q., anno 1634 donati, Oxford, 1883; Harry Wolcott Robbins, ed. *Le Merure de Seinte Eglise*, Minnesota, 1923, viii, xx; G. Schleich, "Die Sprichwörter Hendings und die 'Proverbis of Wysdom' ", dans *Anglia*, 51, 1927, p. 224 ss.; F. L. Utley, *The Crooked Rib*, 1944, p. 183, no. 171, p. 238, no. 273; Carleton Brown, *English Lyrics of the XIIIth Century*, Oxford, repr. 1950, xxii, xxv, xxviii–xxxviii, 86–90, 91–108, 187, 188–189, 202–203, 205–206, 231; c.r. de B. J. Whiting, dans *Speculum*, 9, 1934, p. 219–225; J. E. Cross, "The Sayings of St. Bernard and Ubi sount qui ante nos fue> runt", dans *Review of English Studies*, 9, 1938, p. 1–7; Brian H. Miller, "The early history of Bodleian MS. Digby 86", dans *Annuale Mediaevale*, Duquesne Studies, Pittsburgh, 4, 1963, p. 23–56.

à l'intention d'un laïc, entre 1272 et 1282. Il s'agit d'une "main hardie, irrégulière et non professionnelle, de la fin de XIIIe siècle".[3] Le manuscrit est donc une compilation de pièces en circulation. Le scribe est un collectionneur plutôt qu'un poète. La complainte de Huon de Saint-Quentin, *Rome, Jérusalem se plaint*, s'y trouve aux fol. 103 v⁰–105 r⁰.

4) *H* = La Haye, Bibliothèque Royale, Ms. 69, Cote 76 F 5.

C'est un volume in-quarto, de format allongé, ayant 46 feuillets de parchemin, cotés 1–45 et 39 bis. Les peintures et l'écriture sont de la première moité du XIIIe siècle. La reliure et les formats ont été frauduleusement disposés pour faire croire que le livre vient de la bibliothèque de l'Empereur de Constantinople. En réalité, ce doit être une épave de la bibliothèque de l'abbaye de Saint-Bertin. La place qu'on y a consacrée à saint Josse, à saint Winnor et à saint Servais prouve bien que les peintures ont été faites dans une église du nord de la France. La façon dont un moine est représenté sur le fol. 33 v⁰, aux pieds de saint Bertin, doit faire supposer que nous avons là l'oeuvre d'un religieux de l'abbaye de Saint-Bertin.[4]

La *Complainte de Jérusalem* commence au fol. 44 v⁰, se poursuit au fol. suivant et se termine par les deux dernières lignes au fol. 1. Même A. Jubinal a distingué qu'il s'agissait là d'un texte en vers, "bien qu'on puisse le prendre pour de la prose, car il n'y a aucune séparation entre les lignes qui le composent".[5]

---

[3] Cf. B. Miller, art. cité, p. 25. Cf. O. Pächt & J. J. G. Alexander, *Illuminated Manuscripts in the Bodleian Library, Oxford. 3. British, Irish and Icelandic Schools*, Oxford, 1972, p. 43–44.

[4] Voir les descriptions du manuscrit dans Achille Jubinal, *Lettres à M. Le Comte de Salvandy sur quelques manuscrits de la Bibliothèque royale de La Haye*, Paris, 1846, p. 65 ss.; Léopold Delisle, *Mélanges de paléographie et de bibliographie*, Paris, 1880, p. 207 ss.; A. W. Byvanck, *Les principaux manuscrits à peinture de la Bibliothèque royale des Pays-Bas*, Paris, 1924, p. 13 ss.

[5] *Loc. cit.*, p. 14.

5) *M* = Paris, Bibliothèque nationale, français 844 (ancien 7222).

C'est l'un des manuscrits les mieux connus et les plus souvent utilisés, datant de la seconde moitié du XIIIe siècle. C'est un volume de 221 feuillets, en comptant les feuillets A–E préliminaires, mais il manque les feuillets 11 et 154. Au total, 215 feuillets, in-folio, avec notes et miniatures. Il y a, en plus, une transposition du feuillet 19 au feuillet 59. Les notes et miniatures en font un manuscrit important, malgré le grand nombre de feuillets mutilés. La page de titre comporte également une table régulière ou figure, entre les deux pastourelles de Huon de Saint-Quentin, *Par desous l'ombre d'un bois* (fol. 79 v⁰) et *A l'entrant del temps salvage* (fol. 81 v⁰), une rubrique comportant une pièce de Giles de Vieuxmaison. Ce rapprochement a provoqué une certaine confusion quant à l'attribution de la seconde pastourelle de notre poète.[6] Le fol. 81 r⁰ nous donne le serventois *Jérusalem se plaint*.

6) *P* = Paris, Bibliothèque nationale, français 12471 (ancien Suppl. fr. 632, 3).

C'est un recueil de pièces morales et religieuses, datant de la fin du XIIIe siècle, en parchemin, contenant 290 feuillets à deux colonnes, 265 sur 190 millimètres. Le manuscrit est relié en maroquin rouge, aux armes royales. Il est orné d'une miniature en tête de chaque poème. Il est très bien écrit et très lisible. Cet in-quarto se compose en réalité de deux manuscrits, à peu près contemporains, reliés ensemble,[7] le premier comportant les fol. 1–120.

La *complainte de Jérusalem* de Huon de Saint-Quentin s'y trouve aux fol. 106 r⁰–110 v⁰. La rubrique, au fol. 106 r⁰,

---

[6] Voir ci-après, p. 117.

[7] Voir la description détaillé de ce manuscrit, dans Gaston Paris et Léopold Pannier, *La vie de saint Alexis*, Paris, Bibliothèque de l'Ecole des Hautes Etudes, No. 7, 1872, p. 207–221.

comporte le texte suivant: "Un clerc que parole a tout plains de gens".

Le manuscrit comprend également, aux fol. 51 v^0–74 r^0, *La vie de saint Alexis.* La table des pièces se trouve à la fin.

7) *T* = Paris, Bibliothèque nationale, français 12615 (ancien Suppl. fr. 184).

Ce manuscrit doit être celui que de La Borde cite souvent comme ayant appartenu au duc de Noailles.[8] Datant de la fin du XIIIe ou du début du XIVe siècle, il comporte 233 feuillets in folio, avec des notes de musique, qui sont très souvent incomplètes. L'on y trouve, de Huon de Saint-Quentin, à l'instar du manuscrit *M*, les deux pastourelles, *A l'entrant del temps salvage,* au fol. 43 r^0, *Par desous l'ombre d'un bois,* au fol. 43 v^0 et le serventois *Jérusalem se plaint,* au fol. 42. Seul l'ordre des trois pièces n'est pas le même: dans *M*, l'ordre est III, I, IV, alors que dans *T*, il est I, IV, III.

---

[8] Voir Jean-Benjamin de La Borde, *Essai sur la musique ancienne et moderne,* 4 vol., Paris, 1780.

C. Les textes

I

Jérusalem se plaint et li pais

Ce sirventois, qui est une *Chanson de Croisade,* se compose de 44 vers. Il est mentionné par Gaston Raynaud, *Bibliographie des chansonniers français,* Paris, 1884, No. 1576) et se trouve dans trois manuscrits: C (Berne, 389); M (Paris, BN, fr. 844 et T (Paris, BN, fr. 12615).

Nous en possédons sept éditions, dont cinq suivent la leçon d'un seul des trois manuscrits mentionnés: ce sont celles d'Achille Jubinal, en 1838 (voir ci-dessus, p. 4), selon le ms. C; de Francisque Michel, dans *Rapports au Ministre,* dans *Collection des documents inédits,* Paris, 1839, p. 52–53, d'après le ms. T; de J.-A.-C. Buchon, dans *Recherches et matériaux pour servir à une histoire de la domination française aux XIIIe, XIVe et XVe siècles dans les provinces démembrées de l'Empire grec à la suite de la Quatrième Croisade,* Ière partie, Paris, Auguste Desrez, 1840, p. 425–426, qui suit le ms. M; Leroux de Lincy, dans *Recueil de chants historiques français depuis de XIIe jusqu'au XVIIIe siècle,* Ière série, XII, XIIIe, XIVe et XVe siècles, Paris, Charles Gosselin,

1841, p. 122–124, d'après le ms. *M* également; et Carl-Wilhelm Wackernagel, dans *Altfranzösische Lieder und Leiche,* Bâle, 1846, qui reprend la leçon du ms. *C,* p. 54–55. Après cette abondance d'éditions, cinq en huit ans, il faut attendre 1890 et l'édition que donnera de la pièce Gaston Paris, "L'auteur de la complainte de Jérusalem", dans *Romania,* 19, 1890, p. 294–296. C'est une reconstitution qui se veut "picarde" du texte et qui ne rapporte pas les variantes des trois manuscrits. La septième et dernière édition est, bien entendu, celle de Bédier et Aubry (voir ci-dessus, p. 2), qui s'en tient aux formes et graphies du ms. *T,* écrit, on le sait, par un scribe picard. Certains défauts techniques du ms. *M,* comme la coupure du haut du feuillet ou des lignes tracées au crayon du vers 8 au vers 17, empêchent Bédier et Aubry, à juste titre, de prendre ce ms. comme base du texte, bien qu'il soit écrit en cette sorte de *koynē,* ou de langue littéraire qui semble bien avoir été la langue de la plupart des trouvères lyriques. Quant au. ms. *C,* quelques-unes de ses variantes sont mentionnées dans les notes. Mais il s'en faut que ces mentions épuisent la leçon du ms. *C.*

Les trois mss. semblent remonter à une même copie déjà fautive, puisque, par exemple, le v. 26 manque dans les trois. A l'intérieur de cette famille, les deux mss. de la Bibliothèque nationale de Paris forment un groupe plus étroit, puisqu'ils n'ont pas le v. 19 que le ms. de Berne a conservé.

La pièce est anonyme dans *C* alors que les deux copies conservées à Paris l'attribuent à Huon de Saint-Quentin. Gaston Paris a, d'ailleurs, le premier souligné l'identité de ce poète avec celle de l'auteur de notre pièce II.

Si l'on ajoute que seuls les mss. *M* et *T* ont conservé la mélodie de cette Chanson et que le texte mélodique de *M* est incomplet, on comprendra aisément le choix de *T* comme ms. de base pour l'édition du texte.

Le poème comporte quatre strophes de onze vers décasyllabes, tous à rimes masculine. Chaque strophe est bâtie sur deux rimes seulement, ainsi disposées: *ababbbaabba.* Dans la

I

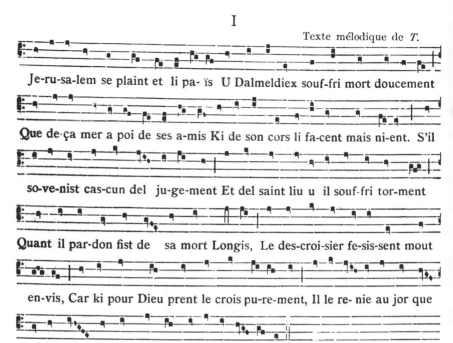

Je-ru-sa-lem se plaint et li pa- ïs U Dalmeldiex souf-fri mort doucement

Que de·ça mer a poi de ses a-mis Ki de son cors li fa-cent mais ni-ent. S'il

so-ve-nist cas-cun del ju-ge-ment Et del saint liu u il souf-fri tor-ment

Quant il par-don fist de   sa mort Longis, Le des-croi-sier fe-sis-sent mout

en-vis, Car ki pour Dieu prent le crois pu-re-ment, Il le re- nie au jor que

il le rent, Et com Ju-das fau-ra a pa- ra-dis.

deuxième moitié de chaque strophe, les mots à la rime appartiennent à des catégories grammaticales différentes.

ANALYSE.—Jérusalem et le pays où le Seigneur a souffert la mort se plaignent qu'il ne reste, en Orient, que peu de leurs amis pour leur venir en aide (v. 1–4). Si chacun se souvenait du jugement et du supplice endurés, il y aurait moins de "décroisés", qui ne sont que des traitres semblabes à Judas (v. 5–11).

Les pasteurs ont failli à leur devoir quand ils ont vendu leurs brebis aux loups pour des deniers. Que feront-ils de ces biens, acquis par vilenie avec les contributions levées illégalement sur les croisés? (v. 12–18). Cela leur sera reproché,

d'autant plus que déjà à Acre et à Bethléem ils avaient pris
pour eux ce que chacun avait offert pour la bonne cause (v.
19–22).

Qui osera prêcher encore et annoncer la miséricorde
divine? (Pourquoi personne ne fait rien) pour aider à la conquête du pays où Dieu paya de son sang la rançon? (v. 23–29).
Mais les prélats retardent le secours; ils ont fait de Dieu Roland
et d'eux-mêmes Ganelon (v. 30–33).

Ceux qui, en Occident, en sont conscients et ne vont pas
venger et délivrer ceux qui, on Orient, sont en prison, ne sont
ni sages, ni raisonnables (v. 34–37). Puisqu'on meurt aussi
bien en Orient, on ne doit redouter aucune des difficultés
qu'on peut y rencontrer (v. 38–39). Dieu récompensera tout ce
qu'on fait en Son nom, de telle manière que nul ne pourra
l'apprécier (v. 40–42). C'est le paradis qu'on recevra en salaire
et jamais nul ne reçut pour si peu si riche don (v. 43–44).

I   Jerusalem se plaint et li pais   Ms. *T* fol. 42*v*⁰.
       U dame l'Diex sousfri mort doucement
       Que deça mer a poi de ses amis
       Ki de son cors li facent mais nient.   4
       S'il sovenist cascun del jugement

1 C porte en tête de la chanson la rubrique: De nostre Signour—M manque,
sauf les lettres Jheru…—2 M damedex sofri m. bonement; C bonnement—3 C
Ken jusc'a meir ait pou de ces a.—4 C faicent meix noiant M qui d. secours l.f.
maiz n.—5 C de l'

1. Cf. pièce II, v. 1–3.
2. Cf. pièce II, v. 212.
3. *deca mer*, "de ce côté-ci de la mer". Le poète se trouve donc en Orient,
probablement en Egypte, au moment de la déconfiture des armées chrétiennes
et de la reprise de Damiette par les Musulmans. Bien que ce dernier événement
ne soit pas mentionné expressément, le ton, vigoureux et éloquent de l'invective contre les prélats ne laisse point de doute quant à l'amertume dont l'auteur
veut se faire le porte-porale. Cf. aussi pièce II, v. 51.
5. Plutôt que du jugement "dernier" (cf. Bédier-Aubry, éd. citée, p.
150), il s'agit, plus vraisemblablement, du jugement du Christ à Jérusalem. Les
vers 6–7 ne font que confirmer cette probabilité.

Et del saint liu u il sousfri torment
Quant il pardon fist de sa mort Longis,
Le descroisier fesissent mout envis;   8
Car ki pour Dieu prent le crois purement,
Il le renie au jor que il le rent,
Et com Judas faura a paradis.

II   Nostre pastour gardent mal leur berbis,   12
        Quant pour deniers cascuns al leu les vent;
        Mais ke pechiés les a si tous souspris
        K'il ont mis Dieu en oubli pour l'argent
        Que devenront li riche garniment   16
        K'il aquierent assés vilainement

---

6 C leu ou il sosfri t. *M* lieu ou il soufri tourment—7 *C* Q. il p. d. s. m. f. L.—8
jusqu'à 17 manquent dans *M*—C Lou descroixier feissent mult—9 por Deu
prend la c.—10 lou renoie au j. ke il la r.—1 C faudrait en paradix—12 C pastor
gairdent m. lor brebis—13 C por d. c. a louf la vent—14 C Maix l. P. l. ait t.
sospris—15 C Deu e. obli p. l'airgent—16 Ke devanront l. r. gairnement—17 C
aquastent aisseis vilainnment

---

    7. Pour la légende de Longin, ce centurion qui perça de sa lance le flanc
de Jésus et fut pardonné (*Saint Jean*, 19, 34, sans mention du nom). Voir Carl
Kröner, *Die Longinuslengende, ihre Enstehung und Ausbreitung in der französischen
Literatur*, Münster i. Westf., 1899.
    La leçon de *T* paraît préférable aussi pour le rythme de la phrase.
    8. Cf. aussi pièce II, v. 37–40. Ce passage fait allusion à des mesures
prises par le pape: certains croisés purent se dispenser d'accomplir leur voeu
en versant dans le trésor ecclésiastique une contribution destinée aux frais de
l'expédition. D'autres, qu'on ne jugeait pas avoir des moyens suffisants pour
s'entretenir pendant l'expédition, furent même renvoyés chez eux, après avoir
versé au trésor tout ce qui dépassait la somme strictement nécessaire à leur
rapatriement. Cf. Gaston Paris, art. cité, p. 294 et Bédier-Aubry, éd. citée, p.
146.
    11. Cf. aussi pièce II, v. 102.
    12–15. Lieu-commun habituel de la satire anti-cléricale de la fin du XIIe et
de la totalité du XIIIe siècle. On le retrouve, à maintes reprises, chez Etienne de
Fougères, Guiot de Provins, Hugues de Berzé, Gautier de Coinci et, bien
entendu, Rutebeuf et Jean de Meun.
    13. *cascuns*, forme non-palatalisée. Elle se retrouve tout au long de la
pièce, dans les trois mss.

Des faus loiers k'il ont des croisiés pris?
Sachiés de voir k'il en seront repris,
Se loiautés et Dius et fois ne ment.   20
Retolu ont et Achre et Belleem
Ce que cascuns avoit a Diu pramis.

III   Ki osera jamais, en nul sermon
De Dieu parler, en place n'en moustier,   24
Ne anoncier ne bien fait ne pardon,
. . . .
Chose qui puist Nostre Signeur aidier
A la terre conquerre et gaaignier   28
U de son sang paia no raençon?
Seigneur prelat, ce n'est ne bel ne bon
Ki si secors faites tant detriier;
Vos avés fait, ce poet on tesmoignier,   32
De Deu Rolant et de vos Guenelon.

18 C louuiers M qu'il—19 manque en MT—20 C loiaultés e. Deus M loiauteze.
Dex—21 C Retolut o. e. Aicre e. B. MT acre e. bethleem—22 C ceulx ke c. a. a D.
p M Dieu—23 C oseroit M Qui—24 C pairleir e. plaice M nen—25 C annoncier
n. b. b. b. perdon—26 lacune en CMT—27 C ke pueent N. Signor M De nule ch.
qui p. a Dieu a.—28 C guaignier M guaagnier—29 C sanc pairoit nostre ranson
M ou de sanc—30 C Segneur—31 C detrier—32 C aveis f. ceu puet M puet
l'en—33 C Guinillon

18. *loiers*, "contributions". C'est une répétition du thème déjà exprimé
aux v. 12–15. Mais, ici, le ton est différent; la note interrogative transforme
l'invective simple en satire piquante.
    19. Ce vers manque dans M et T. Ces deux manuscrits semblent donc
former un group assez étroit.
    20. *ment.* Ce verbe, à la 3e pers. du sing., régit pourtant trois sujets,
loiautés et Dieu et fois. Les trois notions sont parfaitement liées et ne forment
qu'une seule idée.
    23. Cf. aussi pièce II, v. 34–35. Le ton interrogatif se poursuit. C'est
d'ailleurs tout à fait là la tradition de la technique satirique.
    24. T écrit bien *en p. n'en.* La lecture *em p. n'em* de Bédier-Aubry, éd.
citée, p. 149, n'est pas justifiée. Il y a d'autres exemples, dans cette même
pièce, de cette lecture.
    31. *detriier*, "détourner, reculer, différer".
    33. Le sort des deux héros de la célèbre Chanson de geste étant bien
connu, au début du XIIIe siècle, l'accusation que porte Huon de Saint-Quentin
à l'adresse des *seigneurs prélats* (v. 30) ne laisse pas de paraître très grave.

IV　En celui n'a mesure ne raison
Kil se counoist s'il vai a vengier
Ceule ki pour Dieu sont dela en prison　　　36
Et pour oster lor ames de dangier.
Puis c'on muert ci, on ne doit resoignier
Paine n'anui, honte ne destorbier.
Pour Dieu est tout quan c'on fait en son non,　　40
Ki en rendra cascun tel guerredon
Que cuers d'ome nel poroit esprisier;
Car paradis en ara de loier,
N'ainc pour si peu n'ot nus si riche don.　　44

(Voir la traduction de la pièce dans Bédier-Aubry, éd.
citée, p. 150–151.)

34 C ait—35 C ceu cognoist s. i. v. a vengier M Qui se c. sil naie—36 C ceauls k.
por Deu s. de lai e. prixon M Ceus qui p. D. sunt—37 C por osteir M lor
amin—38 C Pues c'om m. i n. d. M len—39 C Poene, n'anuit M destourbier—40
C Pr Deu e. t. kank'en f. e. s. nom M quant—41 C Kil e. rendroit c. teil M
Qui—42 C Ke. d. ne p. exprixier M porroit—43 C averoit d. louuier M Quar p.
aura—44 C K'ains por s. pou n. nuls.

35. Bédier-Aubry corrigent les trois mss. en *aüe,* forme qui leur semble,
avec *aï,* plus "autorisée et meilleure" que *vai* de *T.* Cette correction ne semble
guère justifiée, puisqu'on peut aussi bien *aller* venger qu'*aider à* venger.
36. Cette Chanson de Croisade a été composée tout de suite après la
chute de Damiette, probablement vers la mi-septembre 1221, avant que les
captifs chrétiens n'aient été échangés contre les prisonniers musulmans. Cf.
aussi ci-dessus, p. 55.
Dela, "de l'autre côté de la mer", du point de vue des gens en Occident,
dont il est question aux v. 34–35.
37. *ci,* c'est encore une foi "de ce côté-ci" (cf. v. 3), de la mer. Le
rapprochement rapide entre Occident et Orient rajoute au ton vif et accusateur
du servontois.
38. *resoignier,* "craindre, redouter, appréhender".
39. *destorbier,* "empêchement, trouble, vexation".
40. *guerredon,* "récompense"; ce terme, si souvent employé, semble être
déjà devenu un lieu-commun.
44. Cf. aussi pièce II, v. 105–108. Les rapprochements signalés entre les
pièce I et II mettent hors de doute l'identité de l'auteur, c'est-à-dire Huon de
Saint-Quentin, de ce servontois et de celui de la *Complainte.*
Cette idée que la Croisade est un excellent marché, un moyen sûr
d'acquérir le paradis à un prix bien moins élevé que les autres, revient d'ailleurs très souvent dans les Chansons de Croisade. Voir aussi Gaston Paris, art.
cité, p. 294.

II
Rome, Jérusalem se plaint

Cette *Complainte de Jérusalem contre Rome* a été publiée pour la première fois en 1838 par Achille Jubinal, qui l'a découverte dans le manuscrit 113 de la Bibliothèque de la ville de Berne (cf. ci-dessus, p. 4, n. 10). Il l'a datée de 1218, ce en quoi il avait tort; en revanche, il l'a à juste titre rapprochée des événement d'Egypte et de la chute de Damiette. Ce sont 25 (dans notre édition 26) strophes de douze vers octosyllabes. Chaque strophe est bâtie sur deux rimes seulement, ainsi disposées: *aabaabbbabba*. Achille Jubinal affirme qu'il s'agit là d'une virulente et curieuse satire qui n'existe que dans ce manuscrit de Berne (p. 21). Et pourtant, huit ans plus tard, en 1846, le même Jubinal découvre le même poème dans le manuscrit 69 de la Bibliothèque Royale de La Haye. Il en donne l'édition tout en indiquant l'ordre différent que prennent les strophes et aussi en notant le fait que, dans le manuscrit de La Haye, le poème ne contenait plus que 19 strophes. En 1871, E. Stengel découvrira une troisième version de ce poème, dans le manuscrit Digby 86 de la Bibliothèque Bodléienne, à Oxford, où il ne contient que 16 strophes, la dernière étant tout à fait originale par rapport aux deux versions de Berne et de La Haye. Stengel éditera le poème en le reconstituant d'après les trois manuscrits existants et en l'enrichissant jusqu'à lui donner 26 couplets. L'ordre des couplets est différent chez Stengel et peut-être plus logique que celui qu'offrent les deux leçons précédemment éditées par Jubinal. Toutefois, Stengel n'a pas épuisé les sources de ce texte, car une quatrième copie, dans le manuscrit BN, français 12471, lui est demeurée inconnue (cf. ci-dessus, p. 78–79). Cette remarque se trouve déjà dans Paul Meyer, dans le c. r. de l'éd. de Stengel, *Romania*, t. I, p. 247. Elle sera reprise par Gotthold Naetebus, *Die nichtlyrischen Strophenformen des altfranzösischen. Ein Verzeichnis*, Leipzig, 1891, p. 108, et par Arthur Långfors, *Les Incipit des poèmes français antérieurs au XVIe siècle*, Paris, 1917. En 1887, Bartsch et Horning entreprennent la quatrième impression de la *Complainte*, dans *La langue et la littérature françaises depuis le IXe jusqu'au XIVe siècle*, Paris, 1887, col. 373–379. Gaston Paris donne un compte rendu de cette édition, dans la *Romania*, t. 19, 1890, art. cité, où il qualifie la *Complainte* de "morceau capital, remarquable à plus d'un titre" de la littérature satirique au début du XIIIe siècle, le date de 1214, mais se reprend bien vite et le place à la date que lui convient le mieux, 1221. L'impresion de Bartsch et Horning est faite d'après les deux éditions de Jubinal, mais elle suit fidèlement l'ordre des 25 strophes du manuscrit de Berne. Cette impression ne connaît ni l'existence du manuscrit d'Oxford, ni l'édition de Stengel. Le manuscrit BN, français 12471 n'a donc pas encore été utilisé pour l'édition de la pièce. Il faut retenir, comme principe d'édition, que la leçon de *P* est presque identique à celle de *H*, tant par l'ordre des strophes, différent de celui de *B* et de *D*, que par des coupures importantes effectuées dans le texte. Les mêmes six strophes manquent à la fois dans *H* et dans *P*. La raison pourrait se trouver dans une sorte de pudeur religieuse chez les deux scribes, car les couplets ayant disparu sont justement ceux où le poète s'en prend le plus violemment à l'Eglise et au clergé.

Nous adopterons donc, d'une manière générale, le texte de *B*, tout en respectant, en partie, l'ordre des strophes de l'éd. Stengel.

La Complainte de Jérusalem contre Rome

I Rome, Jherusalem se plaint   *B*. f. 198v⁰, c.3;
   De covoitise qui vos vaint   *D*. f. 103v⁰, c.1.
   Et acre et Damiete ausi,
   Et dient que por vous remaint   4
   Que damedex et tot si saint
   Ne sont en sa terre servi,
   De Damiete sont saisi
   Par le legat nostre anemi   8
   Et crestien de mort ataint;
   Et saciez bien qu'il est ensi:
   Qu'il ont le roi Jehan trahi,
   En cui biens et proece maint.   12

I 1 *D*. Roume et ier—2 *H*. convoitise—4 *B*. dit; *H.P*. E dient bien k'en—5 *D*. Que ihesu crist et tout li—6 *B*. n'est; *H*. ne sunt en la tere—7 *D*.mq.—8 *D*. *P*. un l.—9 *H*. a mest—10 *D*. bien deest; *H*. et dient bien—11 *D*. Que il ad le roi enfin honi; *H*. le roi Jehan avez trai—12 *H*. dieus.

I. = *B.D.H.P*.
1. Le poète entre directement en matière. L'attaque du poème est d'autant plus virulente que Rome est mise directement en apostrophe. Jérusalem, Saint-Jean d'Acre et Damiette se placent sur un même plan, puisque ce sont trois villes que les Chrétiens avaient détenues et qu'ils ont été contraints d'abandonner aux Musulmans: Jérusalem, en 1187, Saint-Jean d'Acre, en 1191, et Damiette, tout récemment, en 1221. Notre pièce date donc des tous premiers temps depuis la perte de Damiette, dèbut septembre 1221. D'emblée, le poète affirme son soutien et son admiration pour le roi Jean, créant ainsi, dès l'abord, la polarisation des opinions autour du légat et du roi.
2. *Covoitise*, l'un des vices que la littérature satirique imputera, tout au long du XIIIe siècle, à l'Eglise tout entière, depuis la Curie romaine jusqu'aux plus humbles curés.
6. *la terre*, "la terre de Dieu, la Terre Sainte".
8. *Le legat*, Pélage. C'est déjà *nostre anemi*.
12. Le leçon *dex* de *D*. est inacceptable pour *Dieus*.

89

II   Dex, c'or n'est uns Carles Martiaus
Au siecle qui destruisist ciaus
Qui si malement ont ovré!
Or n'est nus clers tant vix bediaus   16
Qui lués n'ait lorains et orsiaus;   *D* f.103v⁰ c.2
Ensi sont il ore ordené.
Rome, vos aves destempré
Tel puison sor crestienté   20
Que plus est dure que kailliaus;
Car quanque nos aviens semé
A Damiete et amassé
Ont li Turc mis en lor vaissiaus.   24

III   Ha! seignor clerc, car aiés honte
De cest mesfait, car a vos monte;

II   13 *D*. Kar m'eust; *H*. core—15 *D*. mauvaisement—16 *D*. est c. t. vil b.;
H. n'est mais prestres tant vieus ne haus; *B*. bediax—17 *H*. Ki n'a u. l. u. o.—22
D. De ki nous auoum s.

II = *B.D.* (manque dans *H.P.*)
13. Après l'adresse directe à Rome, voici une adresse directe à Dieu.
13–14. Huon de Saint-Quentin ne nous dit point qui sont ceux qui
s'étaient mal comportés et que Charles Martel, ou plus exactement, un héros
comme lui, pourrait punir et anéantir. La légende faisait sans doute de Charle-
magne seul le premier héros à avoir combattu les Sarrasins.
L'emploi du temps des verbes dans cette phrase est tout à fait conforme à
la syntaxe de l'ancien français.
15 ss. C'est le thème traditionnel de la littérature didactique et satirique:
la mise en opposition du bon vieux temps passé par rapport au présent, triste
et misérable.
18. La satire éclate dans ce vers fortement ironique.
19–21. Le mal que Rome a fait n'est guère encore précisé, bien qu'il soit
comparé à un poison.
22–23. Image du monde paysan, devenue un lieu-commun de la prédication.
24. Le souvenir est encore tout récent de l'immense butin pris par les
Turcs à Damiette.
III = *D*. (*B*.VI, *H.P.* VII)
25. La troisième strophe commence de la même manière que les deux
précédentes, par une apostrophe: après Rome et Dieu, voici les clercs qui sont
pris à partie.

Forfait l'avés, bien le set on.
Ceste traisons nos affronte,   28
C'or n'ont ce fait ne roi ne conte
Ne nule gent se vos clerc non!
Ha! terre de promission,
Com estes chaue et broion   32
Et com Jherusalem desmonte!
Ele set bien que par sermon
N'avra socors ne garison
Puis que Rome desfait son conte.   36

IV   Li Hospitaus et li legas   B f. 199r⁰ c.1
        Ont bien fait jeter ambes as
        Les crestiens deça les mons.
        Et bien sacies, ce n'est pas gas,   40

III   25 D. Seingnour clers—26 H.P. forfait; D. Ki vous amounte—27 H.P.
mesfait—28 et 29 D. renversés—28 D. raison—30 D. Kar fet nel ad n.—31 B. e!;
D. A!—32 B. chaux; H. cheue—34 H.P. K'ele s. b. p. nul; D. Kar oum voit
b.—35 H.P. garnison—26 B. com k.

IV   37 H.P. cardinaus—38 D. iuter aunbe as—40 D. sanoum; H.P.
sachiez bien n'est mie—42 D. cheualers honiz—43 D. l. douce—44 D. apor-
terount noueus p.; H.P. nus—45 H.P. Dont il vaurount—47 B.H.P. kerra—48
D. de t. en p.

25–29. Tous les clercs, sans distinction, sont accusés du méfait commis
par eux exclusivement.
Le présent des verbes renforce le ton de l'invective.
31. L'apostrophe est coupée au milieu de la strophe et s'adresse maintenant à la Terre Promise. L'alternance des "mauvais" et des "bons" se
maintient.
32. *chave et broion*, langage figuré pour dépeindre le pays dévasté
physiquement et soumis constamment à des pièges de toutes sortes.
33. Lieu-commun de la prédication.
IV = D. (B.H.P. III)
37. L'apostrophe marque ici un point d'arrêt. *Hospitaus* de B.H.P., est
plus acceptable que *cardinaus*, de D., les Hospitaliers s'étant rangés sans
exception à l'avis du légat Pélage, pendant toute la durée de la Cinquième
Croisade.

91

Que par iaus est en l'angle mas
Li rois qui chevaliers est bons.
Or venra la bele saisons:
Si raporteront lor pardons   44
Et si voront croisier nos dras.
Mais cil n'iert mie Salemons
Qui de rien crerra les glotons,
Car mis nos out dou trot au pas.   48

V   Rome, on set bien a escient
        Que tu descroisas por argent   D. f. 104r⁰ c. 1
        Ciax qui por Dieu erent croisié.
        La erras tu trop malement,   52
        Car puis ont pechié mortelment.
        S'en deussent estre alegié,
        Tu lor retousis le marchié
        Que il avoient bargegnié   56
        Par grant tort et mavaisement.

V   49 H.P. enscient—51 D. furent creise—52 D. mout m.—53 H. Quant
—54 H.P. si; D. Cou deuereit—55 D.P. Et tu retolis; H. retousis lor m.—58 D. ia
aporte—59 B. deu; H.P. diu s'aront D. A d. ki auerount l. vous—60 D. lor auez
boise.

---

43. Le poète recourt de nouveau à l'ironie.
45. Les deux camps sont nettement tracés.
48. Langage imagé. "Nous étions en plein élan, lorsqu'ils eurent ralenti
notre rythme". Les deux camps s'opposent avec évidence.

V = D. (B IV, H.P. XII)
49–50. Reprise de l'apostrophe; une fois de plus, Rome est mise au
centre de l'attaque. Le ton devient plus vif, d'autant plus que le poète décide
d'employer la deuxième personne du singulier, en s'adressant à Rome, au lieu
de la deuxième persoone du pluriel, comme il l'avait fait précédemment (cf. v.
2 et 19). Ce tutoiement se répète tout au long de cette strophe, créant ainsi un
sentiment de mépris chez les auditeurs.
       Pour les exemptions de croisade, cf. pièce I, v. 8 ss., ci-dessus, p. 84 et
note au v. 8.
54–55. Construction hypothétique conforme aux règles de la syntaxe.
55–57. Rome est à tout moment prête à récidiver.
56. L'emploi des temps du verbe est une fois de plus conforme à la
syntaxe de l'ancien français.

Mais il n'ierent ja apaié
S'aront a Dieu lor veu paié,
Car fet li ont borse de vent.   60

VI   Rome, mult avés entrepris,
      Mais si aveś a prendre apris
      Que nus no vos en puet aprendre.
      Reprendre doit on mult vos pris,   64
      Car par prendre est vos nons sospris;
      Dex vos en deveroit reprendre.
      Ja ne deussiés entreprendre
      Vers nos, mais tos les biens apprendre   68
      Par coi crestiens est de pris.
      Mais tel cose avés fait emprendre
      Vostre legat, c'on le doit prendre,   *D. c. 2*
      Car por lui sont crestien pris.   72

    VI   63 H. C'on vos en deveroit sospendre; P. c'en nous en doit par
droit—64 H. on doit—65 D. Quant p.—66 D. en doit per dreit soupendre; H.P.
enteneroit souspendre—67 D. n'en deusez—68 D. tot le ben; H. aprendre—69
D. sount despris; H. de quoi crestientes—70 B. entendre—71–72 mq. P.—72 H.
par.

60. Après les exhortations à accomplir les voeux, le ton baisse brusque-
ment jusqu'au grotesque.
    VI = (D. VII, B.V, H.P. XIII)
    61–66. L'apostrophe se poursuit, mais, à nouveau, à la deuxième per-
sonne du pluriel. Pourtant, le poète a des reproches très graves à formuler
contre la corruption de la Curie romaine. Aussi le fait-il, après avoir relevé le
ton, par l'emploi de la deuxième personne du pluriel, en employant un jeu de
mots prolongé et complexe sur le verbe *prendre,* son participe passé *pris* et leurs
composés. C'est une technique de la satire que, plus tard, vers le milieu du
siècle, Rutebeuf poussera à sa perfection.
    Le passage est plus compréhensible en *B.* qu'il ne l'est en *D.*
    62. L'ironie, très forte, commence avec la conjonction *mais.*
    70–72. Ces vers manquent dans *P.* Cela est probablement volontaire,
pour atténuer l'attaque contre l'Eglise (cf. ci-dessus, p. 88).
    71. La différence de niveau entre *tel cose* (v. 70) et *c'on le doit pendre* est
brusque et contient ainsi l'essentiel de la satire acerbe contre le légat.
    72. *sont,* le présent du verbe indique que la pièce a été composée avant
l'échange des prisonniers (cf. ci-dessus, p. 55).

VII   Por Deu, tot crestien, plorés!
Onques mais jor crestientés
Ne perdi tant a une fois
Com or a fait, bien le savés,   76
Puis que le terre u Dex fu nés
Conquist Salehadins, li rois.
Li fluns, li sepucres, la crois,
Crient trestot a une vois   80
Que Rome joue a faus dés.
Il parut bien en Aubegois
Que se demostre que nos lois
Valt pis qu'ele ne sieut asés.   84

VIII   Bien a li legas rout le pan   *B. c.* 2
De la cote le roi Jehan,
Si que jamais n'iert recosus.

VII   73 *H.* bon—74 *H.* car onkes mais c.—76 *H.* ke—78 *B.* conquest; *D.*
Salodins—79 *D.* la croiz—80 *H.P.* s'escrient tot a. haute—81 *D.* iue des—82 *B.*
par li est perdue—83 *D.* Et s.; *H.* Et la demostra—84 *H.P.* Valoit pis que n.

VII = *B.* (*D.* VIII, *H.P.* XIV)

73. *tot crestien,* absence de l'article défini.

75–76. L'emploi du passé simple, du passé composé et du présent de l'indicatif est très précis.

La perte est en effet immense, puisque toutes les chances de recouvrer Jérusalem et la Terre Sainte se sont évanouies avec la chute de Damiette.

79. *Li fluns,* le Jourdain.

li crois, dans *B.,* est sans doute une erreur de copiste, entraîné par les trois *li* qui précèdent. *D* écrit *la.*

81. Accusation de corruption qui fait suite à celle de la strophe précédente, v. 61–62.

82–84. Mention osée de la Croisade contre les Albigeois. Huon de Saint-Quentin rejoint ici la cohorte de troubadours et trouvères qui critiquèrement vivement la politique pontificale et la lutte fratricide en Albigeois (cf. Palmer A. Throop, art. cité).

VIII = *B.* (*D.* IX, *H.P.* IV)

85–87. Langage imagé, destiné à dépeindre la détresse et le deuil inconsolables dans lesquels le roi Jean de Brienne se trouve plongé à la suite de la défaite de Damiette. Jamais, il ne pourra retrouver Jérusalem, la ville dont il est roi.

Porcacié a par son engan 88
Que Damiete est au soudan:
Ço a fait c'onques ne fist nus.
Fois est perdue, car ça jus
N'en a mais point, ains est lassus, 92
Là u Dex fait crier son ban.
Que li legas soit confondus
Et de sa gloire sospendus
Ne jà n'isse honorés de l'an! 96

IX   Crestientet ne set u traire,
Ele n'a recet ne repaire
U ele puisse herbergier;
Tuit li pais li sont contraire, 100
Puis que Rome li vuet mal faire,
Je ne sai qui li puis aidier.
Je vi ciax escumenier

VIII   86 *D.* couste—88 *D.* Porchaca tant p.—90 *D.* Si ad fest—92 *D.* Ne ad; *H.P.* tote est—93 *D.* Hou deus ad fest c.—96 *D.* non ise al onour del; *B.* fusse.

IX   mq. *D.H.*—100 *B.* tot—108 *B.* quel.

88–89. L'ironie amère de notre poète transperce à nouveau dans ces deux vers.

92–93. Lieu-commun de la prédication qui culmine dans l'image de Dieu chef des armées.

94–96. Avec beaucoup d'audace, le poète lance une série de trois invectives à l'adresse du légat, dont, par ailleurs, la dernière semble pouvoir confirmer que nous sommes avant la fin de l'année 1221.

IX = *B.* (manque dans *D.H.P.*)

Seul le ms. *B.* comporte cette strophe, le texte de *H.* et de *P.* ayant vraisemblablement été expurgés, chacun à sa manière, des passages les plus violents contre Rome et l'Église et le texte de *D.* étant probablement une sorte de condensé de celui de *H.* et de *P.* Cette strophe semble en effet faire partie des instruments d'attaque habituels contre la Curie romaine et sa politique d'excommunication prononcées sans discrimination aucune.

Qui ne s'aloient remoier,   104
Et la crois el mont de Calvaire
Deussent jus metre et laissier
Et puis morir et repairier
En paradis sans vestir haire.   108

X   Li legas et li chardonaus
Ont meslé avec cardon aus
Et omecide, avec envie;
Je quit Judas fu lor parans,   112
Mains crestiens fu mors par aus,
Qui ui cest jor fussent en vie
Se ne fust lor grans felonie
Et li avoirs de paienie   D. 104v⁰ c.1 116
Qui pris fu par mavais consaus.
Or en est la tere honie
U cil revint de mort a vie
Par cui cil siecles sera saus.   120

XI   Mult est li siecles devenus
En maniere de maus agus,
Que mus ne porte a l'autre foi.

X   109 *D.* kardinaus—110 *D.* Ouek karboun ount medle; *B.* melle—113 *B.* mais; *H.* mais crestien sunt mort—114 *B.* qui mil; *H.P.* encore; *D.* furent— 115 *B.* la—117 *D.* Qui fu pris—119 *D.* Hou deu leva d. m. en v.—120 *D.* li mondes.

X = *D.* (*B.* XII, *H.P.* V)
C'est la suite de la prédication entamée à la strophe précédente, ce qui constitue une raison supplémentaire d'utiliser *B.* comme manuscrit de base.
Ici, se mêle au prêche l'invective violente contre le comportement du clergé en Egypte, accusé des pires crimes: meurtres, félonie, rapine.
113. manque dans *P.* C'est peut-être le vers le plus violemment anti-clérical de cette strophe.
XI (*B.* X, *D.* XII, *H.P.* VIII)
121–126. C'est, en guise de suite logique du dernier vers de la strophe précedente, un abrégé, une sorte d'*état du monde* au sujet des laïcs qui veulent rester fidèles au roi mais ne savent plus à quel saint se vouer.

S'uns ribaus est res u tondus,   124
Ja n'iert de cest pais venus
Qu'il ne vuelle oposer au roi.
Il sont si plain de grant desroi,
Se Dex n'en prend hastiu conroi,   128
Il sera par iaus deceus;
Mais je loeroie en droit moi
Qu'il laissast a cascun un poi
Et si en presist le sorplus   132

XII   Sainte Marie, secorés
         Jherusalem, car c'est li clés
         Qui garde le tresor roial.
         Espoir se Turc i sont or més,   136
         Encore i ert crestientés
         Maugré le Temple et l'Ospital.
         Faus et felon et desloial
         Sont cil qui ont porquis le mal   140

XI   121 D. Toug; H. chis—122 B. mal; H. manieres; D. argus—123 H. car
l'uns u.; D. Quant ne peise al—124 B. sus—125 D. de tel; H. chel—126 H.P.
voille estriver—127 H.P. sont plain d. si g.—128 H. Ke sil nen; P. Ce—129 D.
Par eus serra tout d.—130 D. loroye en d.—131 H. C'on—132 D. Si en preit tot
le.

XII   134 D. la clef—136 D. Pour taunt si turc eurent remez; H.P. Encore i
aient li turc mes—137 H.P. i ert encore—140 D. ount purvu le gal—141 D. li m.;
H.P. chis mons est si—142 D. par—143 H. lui—144 B. enchauves; D. Q. il nous
ad tout encloez.

130–132. La strophe se termine sur une note d'humour léger, le poète
donnant à Dieu des conseils pratiques mais utiles pour l'humilité chrétienne.
    A noter également l'emploi correct de l'imparfait du subjonctif *laissast*
(131) et *presist* (132).
    XII *(B.D. XI, H.P. II)*
134–135. Image tirée du langage officiel, que tout le monde est censé
comprendre.
    138. Invective ironique à l'adresse des Templiers et des Hospitaliers, qui
avaient contribué, selon Huon de Saint-Quentin, à la perte de Jérusalem,
trente-quatre ans aupraravant.

Par coi cis siecles est torblés.
Auquen le di por le legal,
En qui a mauvais marescal,
Quant si nos a tos enclavés.   144

XIII   Si m'ait Dex, jo ai tant d'ire   *B.* col. 3
        Des clers, que je n'en sai tant dire,
        Que pis ne vaillent demain c'ui.
        Mais se cil qui de tot est sire   148
        Lor mostroit en aucun point s'ire,
        Liés en seroie, car a cui
        Ne me sai plaindre fors a lui?
        Nus lais hom n'a vers iaus refui   152
        En roiame ne en empire.
        Covoiteus sont et plair d'anui:
        Se ie en aus m'afi n'apui,
        Je crieng que mes gius n'en empire.   156

    XIII   145 *D.* ieo ai taunt oi d.; *H.P.* dieus s'ai si grant ire— *D.* De c. ki ne
sai ke d.; *H.P.* del clergie—147 *D.* pis vaudront—149 *D.* moustrat—150 *D.* kar a
autrui; *H.P.* c'or; *P.* encor—151 *D.* me s.—152 *D.* Mes nus houmes—153 *B.*
N'en; *P.* rouumaine—154 *D.* De ceo dount ieo certeins en sui; *H.P.* tant sunt
felon et p.—155 *D.* Mes si en eus n'a; *H.* Et se i'en aus matir n'apui; *P.* Et se ien
aus na fi napui—156 *D.* ius empire.

142–143. L'attaque contre le légat reprend de plus belle. Cette fois-ci le
poète parle à la première personne et s'en prend sans embage à la mauvaise
direction des affaires militaires dont a fait preuve Pélage.
    144. *nos.* Huon de Saint-Quentin se trouve vraisemblablement en
Orient. Cette présence explique l'emploi de la première personne du singulier
(142), le présent du verbe (143) et le passé composé dans ce vers. Ce temps
marque, on le sait, une action qui vient de s'accomplir et peut également se
continuer dans le présent.
    XIII = *B.* (*D.* VI, *H.P.* IX)
    147. *vaillent*, subjonctif dans la proposition subordonnée après le verbe
dire, dans la proposition principale (146).
    151. *sai*, de *savoir*, avec le sens de "je puis".
    153. *roiame*, peut-être le royaume de France, auquel cas *empire* serait le
Saint Empire Romain.
    156. La répétition du mot *empire*, nom et verbe, à la rime (153 et 156) est
une technique courante de la poésie satirique de XIIIe siècle, surtout lorsque le
ton est personnel, comme c'est le cas pour Huon de Saint-Quentin.

XIV   Segnor prestre, tot parconier
Estes de l'avoir l'userier,
Si vos dirai com faitement.
Puis qu'il ne volent le mestier   160
Que Dex desfent por vos laissier,
Por coi prendés vos lor argent?
Vos mangiés avec iaus sovent;
S'il vos donent segle u forment,   164
N'avés cure d'iaus renoier.
S'il se confessent fausement,
Vos les savés bien coiement
A Pasques acomenier.   168

XV   Segnor provoire, qui cler voit
Mult est fox s'il ne s'aperçoit
En quel maniere vos vivés.
Li useriers vient a vos droit   172
Si vos demande pain beneoit
Et vos erraument lui donés.

XIV 158 D. userier—159 D. Si v. d. bien coment—162 B. Par—164 D.H.P. laigne—165 D. cure de rens noier; H.P. renuoir—166 D. Il s. c. malement—168 D. Paske ke il al communier.

XV 170 D. feloun quant ne ap.; H.P. faus qui—171 D. vous ouerez—172 B. userier vont; D. usurers vendra—173 B. Si demandent—174 D. meintenaunt; B. lor.

XIV (D. XIII, B. XV, H.P. X)
157–158. L'enjambement renforce le ton satirique.
160–162. Les prêtres sont accusés de s'emparer de l'argent des usuriers.
163–168. L'accusation de complaisance et de complicité des prêtres avec les usuriers s'aggrave du fait de leur donner la communion.

XV = B.D. (H.P. XI)
169. La même apostrophe qu'en tête de la strophe précédente. La verve satirique se maintient et le ton demeure vif et acerbe.
169–174. Suite de la connivence entre prêtres et usuriers.

Je di que vos i mesprendés,
Qu'il ne s'est mie confessés   176
En tel maniere que il doit.
Mais legierement le soffrés
Por les dons que de lui prendés:
Ensi diables vos deçoit.   180

XVI   Segnor, qui les pardons portés,
       Poi vos costent et les vendés;
       C'est pechiés et ovre vilaine.
       Li pardons valut mies ases   184
       Dont li pechiés fut pardonés,
       Que Dex dona la Madelaine.
       En cors de peceor n'a vaine
       Ne tece, tant i soit vilaine,   188
       S'il est confés, n'en soit lavés.
       Mais la clergie est vuide et vaine
       Quant si soffre qu'ensi nos maine:
       Por Damiete le provés.   192

XVII   Rome, vos fustes la pucele,   B v⁰ c. 1
       Virge loiaus et pure et bele;

175 *D*. entreprendes—176 *D*. Kar il n'est—177 *P*. en tel; *D*. qu'il deuroit—178 *B*. lor s.—180 *H.P.* anemis.

172–176. *B*. et *D*. parlent d'usurier au singulier, *H.P.* le font au pluriel. Il semble que le singulier donne une image plus forte, plus personnalisée, de ce vice de comportement de la part des prêtres.
   180. *H.P.* donnent *anemis* au lieu de *diables,* probablement pour atténuer la gravité de l'accusation.
   XVI = *B*. (manque dans *D.H.P.*).
   (Cf. ci-dessus, note à la strophe IX.)
   XVII (*B*. XVIII, *D.H.P.* XV)
   193–195. Reprise des invectives contre Rome avec utilisation du lieu-commun, tellement fréquent, de la différence entré le passé et le présent.

Mais or vait la cose autrement:
Il mesciet mult la damoisele   196
Qui bone est, puis devient ancele
Et son cors livre por argent.
Rome, fait avés ensement:
Vos avés rompu Bialient   200
Une corde de sa viele.
Mais Damediex qui tot consent
Set bien c'ansi font l'autre gent,
Que grans loiers vos despucele.   204

XVIII   Rome, vos estes refroidie
        D'aidier la terre de Surie
        Qui soloit estre vos mains destre.
        Or est ainsi qu'ele mendie,   208
        Ne truis nului qui el m'en die.
        Biaus sire Dex, que porra estre?
        Peris e chaus a senestre
        Est li lius u il daigna nestre   212

XVII   193 *D*. ia—194 *B*. V. et l.; *H*. et douche et b.; *P*. Viergette—197 *H.P.*
Ki virge—198 *H.P.* Et livre son c.—200 *D*. becheleent; *H*. bellchent; *P*. bee
lent—202 *H*. M. dieus ki tos les biens c.; *P*. lu me c.—203 *D*. Woit ben ausi fount
autre; *P*. fait

XVIII   mq. *D*.—205 *H.P.* mult iestes

XVIII (*B*. XVII, *H.P.* XVI, mq. *D*)
206. *Surie*, "la Terre Sainte".
208–209. Jeu de mots à la rime, *mendie, m'en die* qui, par son apparente
légèreté ou insouciance renforce en vèrité le ton de la satire.
210. Insertion d'un appel direct à Dieu, sous forme de question rhétorique.
211. *chaus a senestre*, "totalement creux". *Senestre*, "gauche", semble
s'imposer pour faire pendant et s'opposer à *destre*, "droite", du v. 207. Les
deux mots riment d'ailleurs, ce qui rend le contraste de la situation encore plus
frappant.

Et la crestiene partie.
N'est mie bien cortois li prestre
Qui ce li tolt que sien doit estre
Par covoitise et par envie.   216

XIX   Biau segnor, tot li pelerin
         Qui au legat erent aclin
         N'i entendirent se bien non;
         Et il lor fist le gieu Kain,   220
         Qui son frere ocist en la fin
         Com desloiax en traïson.
         Rome, trop mavais campion
         Envoiastes Cafarnaon,   224
         Jherusalem et Ybelin:
         Conquist i avés un sornon
         Si fait c'a tos jours dira on
         Que fait avés cest larecin.   228

XX   Nule gent n'ont tel volonté
         De destruire crestienté
         Par sanblant comme li clergié.
         Cascuns a son arc entesé,   232

XIX   mq. D.—220 H.P. giu—225 H.P. gybuin.

---

216. La *convoitise* et l'*envie*, deux des vices du clergé que le XIIIe siècle
fustige habituellement, s'exercent même aux dépens de Jérusalem et de la
Terre Sainte.

XIX = B. (H.P. XVII, mq. D.)

217. L'apostrophe à l'adresse de Rome s'arrête un instant. Le poète
prend à témoin ses auditeurs, à qui il s'adresse directement. Ce contact direct
avec son public permet au poète de faire parfois des affirmations très extrêmes
au sujet du légat, comparé ici à Caïn.

223–228. A nouveau, le poète s'adresse à Rome, établissant cette fois-ci
un lien indélébile entre la Curie romaine et son légat pontifical.

XX B. XXI (mq. D.H.P.)

229–231. Ces vers, par leur invective violente à l'adresse du clergé,
expliquent, une fois de plus, l'absence de cette strophe dans *H.* et *P.D.* a suivi.

Si ont tot droit a mort navré
Et tote raison mise a pié.
Il ont enpirié la moitié:
Le siecle tant ont covoitié,   236
Ensi com il a ja esté.
Or nos laist Dex, par sa pitié,
Tant vivre que soions vengié,
Se il n'estent miex aferné.   240

XXI   Mes cuers par mainte fois regrete
        Le grand perte de Damiete
        Que receuns par le legat.
        Crestientés trop s'endebrete: 244
        Mult le traist d'ague saiete
        Et navra de cruel barat.
        Elas! li Turc estoient mat
        Quant Coradins fist un acat   248
        Dont li legas reciut le dete;
        Et puisque no mere nos bat
        De la verge qui nos abat,
        Elen'est mie par tot nete.   252

232–234. Les verbes au passé composé—*a entesé* (232), *ont navré* (233) et
(ont) *mise* (234)—indiquent clairement qu'il s'agit d'accusation d'actualité et
qui concernent les auditeurs du poète.

236–237. Une fois de plus, le poète emploie le lieu-commun du passé
idéal et du présent misérable.

238. *laist*, subjonctif d'exhortation.

XXI *B. XXII* (mq. *D.H.P.*)

241–243. Après une brève envolée lyrique, aux v. 241–242, la satire
reprend de plus belle, d'autant plus virulente qu'elle est ramenée pour ainsi
dire imperceptiblement, au v. 243.

245–246. Le lyrisme remonte à la surface: le coeur du poète est blessé par
le légat.

247–249. Il ne peut s'agir que de la prise de Damiette par les Chrétiens,
au début de la campagne, le 5 novembre 1219.

250–252. Ce doit être l'Eglise, qui, par l'intermédiaire du clergé, a frappé
les Chrétiens, ce qui lui enlève de sa pureté. Une fois de plus, on s'explique
l'absence de cette invective dans les ms. *H.* et *P.*

XXII   Par Deu, sire rois de Paris, $B\ v^0$ c. 2
        En vo roiame est Antecris
        Venus por vos deseriter.
        Ja a sermoné a Senlis;   256
        S'a les clers en si haut point mis
        Qu'il font vos rentes recoper.
        Ciax que vos peres fist jurer
        Sor sains de vostre droit garder   260
        Sai je bien qu'il ont entrepris.
        Roi, lai ten menu pule ovrer
        Sans ce que nes vuelles grever;
        Il plaiseront tes anemis.   264

XXIII   Or ascoutés com faitement
        Li cardonaus trait no gent.
        Je le vos dirai a bries mos:
        A Coradin prist parlement   268
        Et conferma par sairement
        Que il li renderoit les nos,
        Et il si fist, bien dire l'os.

XXIII   mq. *D.*—266 *H.P.* vendi—271 *H.* il le f.—276 *B.* Li.

XXII (*B.* XXIII, mq. *D.H.P.*)
253. Il semblerait que, à partir de ce vers, la scène change et que nous nous trouvions, avec les auditeurs du poète, en France. Dans ce cas, le roi serait Philippe-Auguste. Ainsi commencerait l'avant-dernier mouvement du poème.
259. *vos peres,* le roi Philippe Auguste.
260. Absence d'article défini devant *sains.*

XXIII (*B.* XXIV, *H.P.* XVIII, mq. *D.*)
265–266. On a nettement l'impression que l'action ne se passe plus en Orient. Le légat est appelé *cardonaus,* titre plus fréquemment connu du public en Occident. De plus, le poète s'apprête à raconter brièvement le comportement de Pélage, ce qui semblerait superflu si la scène se passait toujours outre-mer.
267–271. C'est, en vérité, un résumé beaucoup trop succinct, même *a bries mos* (267), des négociations de paix qui suivirent la défaite.
270. *les nos.* Il y a dans cette expression un sens de possession perdue, commun aux Croisés mais étranger à Pélage.

Rome en doit bien avoir mal los   272
Quant si fait traitor consent;
Ele en paiera les escos,
Que vilonies et lais mos
L'en reprovera en sovent.   276

XXIV   Ainc puis que sains Quentins de Rome
       S'en vint en Auste sur Some,
       Ne fut ains mais Rome si dame
       Come ele est hui, ço est la some;   280
       Car quanqu'ele a consciut asome
       Et de tot son pooir le dame;
       C'est cele qui droiture entame
       Et qui son fin or sorestame: 284
       Ensi renomée le nome.
       Si me puis Dex aidier a l'ame,

XXIV   mq. *D.*—278 *H.* En vint Aoste—279 *B.* Ne fu crestients si d.—280
H. C. e. or est, ch'en—281 *B.* lasome—287 *B.* puet.

---

272. Rome, à la troisième personne. Une indication de plus pour accepter l'idée de l'éloignement géographique des lieux de la Croisade. Le
détachement s'opère lentement, mais d'une manière perceptible.

XXIV (*B.* XX, *H.P.* XIX, mq. *D.*)
L'impression que nous nous trouvons en France se précise.
277–278. Ces deux vers ont fait écrire à Gaston Paris, *La littérature
française au moyen âge,* Paris, Hachette, 1888, p. 156: "la *Complainte* a certainement été composée à Saint-Quentin, car il n'y a que là que l'on a pu écrire" ces
deux vers, la ville de Saint-Quentin étant l'ancienne Augusta Veroman-
duorum, où le saint a vécu, au IIIe siècle.
279. *ainc mais Rome,* des mss. *H.* et *P.,* semble préférable à *crestientés,* du
ms. *B.,* malgré la répétition de *Rome,* compte tenu de la chute de niveau, à la fin
de la strophe, et qui provoque le comique, ce qui ne serait pas convenable s'il
s'était agi de *crestientés.* De plus, la satire contre Rome semble atteindre son
point culminant dans cette strophe.
285. Ce jeu de mots complète le tableau satirique.
286. *puist,* subjonctif après *si.*

Bien doit chair jus de s'escame,
Qu'ele fait tort a main prodome.   288

XXV   Cil qui ce fist dist en ses vers
      Que fel ne traitres ne sers
      N'entra ja en paradis,
      Ne fel ni vilains ne cuivers   292
      Ne li ermite des desers,
      S'il ne sont a bone fin pris.
      Las! que fera dont li caitis
      Qui eust vos crestiens mis   296
      U erraument fussent enfers?
      Se ne fust li sains Esperis
      Qui en Choradin se fust mis,
      Fait fust de nostre droit envers.   300

XXVI Tout atendoum communement
      Primes mort e puis jugement.
      Contre ces II n'ad nul cumfort

---

287. Image grotesque de Dieu tombant à la renverse de sa banquette, à la
vue des méfaits de Rome.

XXV = B. (mq. D.H.P.)
Le dernier mouvement du poème: c'est la conclusion du conflit et la
rédemption des âmes.
289. Le poète parle de lui-même, à la troisième personne du singulier.
Ce détachement donne à ses paroles un ton de généralisation qui, une fois de
plus, se terminera sur une pointe d'ironie amère.
291. N'entera, verbe au singulier régissant trois sujets: fel, traitres, sers
(290).
292. fel, répétition (cf. v. 290): c'est peut-être une inadvertance.
295. Li caitis, il semble bien qu'il s'agisse de Pélage lui-même.
296–297. Emploi classique du subjonctif dans une construction hypothétique: eust . . . mis (296), fussent (297).
298–299. L'ironie est évidente. C'est le sultan qui agit en chrétien, mû
par le saint Esprit.
300. droit envers, jeu de mots très habile.

XXVI D. XVI (mq. B.H.P.)

Mes repentir isnelement   304
E purger soi parfitement
De quant ki lu quer se remort.
Que ceo ne fest devant la mort
Trop tart se pleindra e a tort,   308
Quant Deu tendra sun jugement.
Heing anmene la nef del port
La deit oum soindre si tresfort,
Que oum voit par mer seurment.   312

TRADUCTION: I—"Rome, Jérusalem se plaint de la convoitise que te vainquit. Acre et Damiette en font de même et
disent que c'est à cause de vous que Seigneur Dieu et tous ses
saints ne sont point suivis fidèlement en Sa Terre. A cause du
légat, nos ennemis se sont emparés de Damiette et les chrétiens sont touchés par la mort; sachez bien qu'il en est ainsi: ils
ont trahi le roi Jean, en la personne de qui demeurent la
bravoure et la prouesse.

II—"Dieu! que n'y a-t-il en ce siècle un Charles Martel, qui
dètruise ceux qui avaient si mal agi! Aujourd'hui, il n'y a pas
un clerc, pas un bedeau vil qui ne pense aux courroies de cuir
et aux carafes de vin; c'est ainsi qu'ils ont été ordonnés! Rome,
vous avez concocté, au-dessus de la Chrétienté, un poison qui
est plus dur qu'un caillou, car tout ce que nous avions semé et
récolté à Damiette, les Turcs l'ont mis dans leurs vaisseaux.

III—"Ah! seigneurs clercs, ayez donc honte de ce méfait,
car il se rapporte à vous; vous l'avez amplement accompli, on
le sait bien, et cette trahison nous fait honte, bien que ni le roi,
ni aucun comte, ni nul autre n'ait commis cela, sauf vous
autres, clercs! Ah! Terre de Promission, comme tu es creuse et
piégée et comme Jérusalem descend! Elle sait bien qu'elle
n'aura de secours, ni de guérison par les sermons, puisque,
aussi bien, Rome met fin à ses projets.

IV—"Les Hospitaliers et le légat ont causé beaucoup de male chance aux Chrétiens de ce côté-ci des monts. Et, sachez-le bien, car ce n'est pas une plaisanterie, que le roi, qui est un bon chevalier, a été poussé à bout par eux. Mais voici que la belle saison va venir: ils obtiendront le pardon et voudront encore redevenir amis avec vous. Mais il n'y aura pas de Salomon qui absoudra les gloutons, car ils nous ont mis du trot au pas.

V—"Rome, on sait très bien que tu as décroisé, pour de l'argent, ceux qui s'étaient croisés pour Dieu. Là, tu as commis une trop mauvaise erreur, car, depuis, ils ont péché mortelle-ment. S'ils devaient en être allégés, tu referais avec eux le même marché qu'ils ont conclu avec toi, pour leur grand tort. Mais ils n'auront jamais la paix de l'âme, s'ils ne consacrent leurs voeux à Dieu, car ils lui ont fait une bourse pleine de vent.

VI—"Rome, vous avez entrepris de grands projets, mais vous avez en même temps appris à prendre, tellement que personne ne peut vous en apprendre mieux, mais, par le fait de prendre, votre renommée a été surprise; Dieu devrait vous la reprendre. Vous n'auriez pas dû engager des actions, à notre égard, mais, bien au contraire, apprendre quelle est la valeur d'un Chrétien. Mais vous avez fait entreprendre de telles choses à votre légat, qu'on doit le pendre, car c'est à cause de lui que les Chrétiens sont prisonniers.

VII—"Par Dieu, tous les Chrétiens, pleurez! Car jamais la Chrétienté ne perdit en une fois tant qu'elle l'a fait mainte-nant, vous le savez bien, depuis que le roi Saladin a conquis la terre où Dieu naquit. Le fleuve, le sépulchre, la croix, s'écrient tous, à l'unisson, que Rome joue de faux dés. Cela se vit bien en pays albigeois, où il parut bien que notre religion valait moins qu'elle n'en avait l'habitude.

VIII—"Le légat a si bien déchiré le pan de la cotte du roi Jean que jamais il ne sera recousu. Par sa ruse, il a obtenu que Damiette appartienne au sultan; il a fait ce que personne d'autre ne fit jamais. La foi est perdue, car ici-bas il n'y en a plus; mais elle demeure là-haut, où Dieu fait rassembler ses fidèles. Que le légat soit confondu, que sa gloire prenne fin et que jamais il ne finisse l'année dans l'honneur!

IX—"La Chrétienté ne sait où se terrer, elle n'a ni retraite, ni refuge où elle puisse s'abriter. Tous les pays lui sont opposés. Puisque Rome lui veut du mal, je ne sais qui peut l'aider, quand je vois excommunier ceux qui s'en allaient refuser la croix qu'au mont du Calvaire ils auraient dû poser par terre et regagner le paradis sans mettre de haire.

X—"Le légat et les cardinaux ont confondu volontairement eux-mêmes et les habits sacerdotaux, ainsi que meurtres et Envie! Je pense qu'ils sont de la lignée de Judas, puisque bien des Chrétiens sont morts à cause d'eux, et qui seraient encore en vie aujourd'hui, sans la grande félonie de ceux-là et les avoirs des païens dont ils s'étaient emparés par mauvais conseil. A ce jour en est honnie la terre sur laquelle avait ressuscité celui par qui le monde sera sauvé.

XI—"Le monde est devenu une sorte de masse de maux aigus, car nul n'a plus confiance en son prochain. Si l'on rencontre un pauvre hère, tondu de près, coupé jusqu'à la peau, l'on saura qu'il ne peut qu'être de cette classe qui ne veut s'opposer au roi. Si Dieu ne prend pas rapidement des dispositions, Il sera déçu par ceux-là. Quant à moi, je proposerais qu'Il laissât un peu à chacun et prît le surplus pour Lui-même.

XII—"Sainte Marie, secourez Jérusalem, car c'est la clé qui garde le trésor royal. Si les Turcs y avaient été vaincus, la Chrétienté s'y trouverait encore, en dépit du Temple et de l'Hôpital. Faux, traitres et déloyaux sont ceux qui ont recherché le mal par lequel le monde se trouve ainsi troublé. Je le dis également pour le légat, qui est un mauvais chef militaire, puisqu'il nous a tous enfermés.

XIII—"Que Dieu m'aide, je suis tout en colère contre les clercs, dont je ne sais assez dire qu'ils vaudront encore pis qu'aujourd'hui. Mais si celui qui est maître de tout leur montrait sa colère à Lui, en certaines choses, j'en serais content, car à qui puis-je me plaindre sinon à Lui? Aucun laïc n'a de refuge contre eux, ni dans le royaume, ni dans l'Empire. Ils sont convoiteux et pleins d'ennui: si je ne me fie à eux, ni ne cherche leur appui, je crains que ma situation n'en empire.

XIV—"Mesieurs les prêtres, vous vous êtes associés aux avoirs des usuriers, et je m'en vais vous dire de quelle manière. Pusiqu'il gardent pour eux le métier que Dieu vous défend d'exercer, pourquoi prenez-vous leur argent? Pourtant, vous mangez souvent avec eux; s'ils vous offrent du seigle et du froment, vous n'avez cure de refuser. Et s'ils font de fausses confessions, vous savez bien et tranquillement leur donner la communion à Pâques.

XV—"Messieurs les prêtres, celui qui voit clair est bien fou s'il ne s'aperçoit de la manière dont vous vivez. L'usurier vient tout droit à vous pour vous demander du pain béni, et vous, par grande erreur, lui en donnez. Je dis que vous vous y méprenez, car aucun d'entre eux ne s'est jamais confessé comme il se doit. Vous le supportez facilement grâce aux dons que vous prenez de lui. Ainsi, le diable vous déçoit.

XVI—"Messieurs, vous qui portez les pardons, ils vous coûtent peu et vous les vendez. C'est un péché et un travail vil. Le pardon que Dieu avait accordé à Madeleine, de son péché, valut beaucoup mieux. Il n'y a, dans le corps du pécheur, aucune présence malveillante qui ne soit lavée, s'il se confesse. Mais le clergé est vide et vain quand on lui permet de nous mener comme il le fait. Vous le prouvez à Damiette.

XVII—''Rome, vous étiez jeune fille, vierge loyale et pure et belle. Mais à présent les choses sont différentes. Elle est inconvenante, la demoiselle qui, au début, est bonne, puis devient servile et livre son corps pour de l'argent. Rome, vous avez agi pareillement: vous avez cassé une corde à la vielle d'Ibelin. Mais Dieu, qui accepte tout, sait bien que les gens agissent ainsi et que la corruption vous fait perdre votre pureté.

XVIII—''Rome, vous avez perdu votre ardeur à aider la terre de Syrie, qui était devenue votre main droite. Aujourd'hui, il se trouve qu'elle mendie, bien que je ne trouve personne qui me le dise. Beau Sire Dieu, que va-t-il se passer? Le lieu où Il daigna naître et toute la partie chrétienne du pays est dévastée et devenue complètement creuse. Le prêtre n'est pas bien courtois qui lui enlève, par convoitise et par envie, ce qui doit demeurer sien.

XIX—''Beaux seigneurs, tous les pèlerins qui étaient dévoués au légat n'y virent que du feu. Et il leur fit le coup de Caïn—personnage déloyal—qui finit par occire son frère en guise de trahison. Rome, vous envoyâtes un trop mauvais chef à Capharnaüm, à Jérusalem et à Ybelin. Vous y avez conquis une renommée telle qu'on affirmera toujours que vous avez commis ce larcin.

XX—''Il semble que nul autre que le clergé n'ait une telle volonté de détruire la Chrétienté. Chacun de ses membres a tendu son arc et ils ont blessé à mort tout ce qui est droit et foulé aux pieds toute raison. Ils en ont fait empirer la moitié. Ils ont tant convoité, que le monde n'est plus ce qu'il avait été.

111

Que Dieu, dans Sa pitié, nous laisse vivre jusqu'à ce que nous soyons vengés et qu'ils soient bridés.

XXI—"Mon coeur par maintes fois regrette la grande perte de Damiette que nous enregistrons à cause du légat—ce dont la Chrétienté s'affaiblit énormément. Il transperça ce monde de bien des flèches aiguës et le blessa de cruelle tromperie. Hélas! les Turcs étaient vaincus lorsque Coradin prit un engagement dont le légat reçut la garantie. Et puisque notre mère nous frappe de la verge qui nous abat, elle n'est plus du tout pure.

XXII—"Par Dieu, sire, roi de Paris, l'Antéchrist est venu dans votre royaume pour vous déshériter. Il a jadis fait un sermon à Senlis. Il a tellement rehaussé les clercs qu'ils vous font rogner vos rentes. Ceux à qui votre père avait fait jurer sur les saints de garder vos droits, je sais bien qu'ils les ont entamés. Roi, ne laisse point oeuvrer ces menus esprits, sans quoi ils voudront tout alourdir et ils feront plaisir à tes ennemis.

XXIII—"Ecoutez maintenant comment en fait le cardinal traita nos gens. Je vous le dirai en peu de mots: il négocia avec Coradin et confirma par serment qu'il lui rendrait nos conquêtes, et il le fit, j'ose le dire. Rome doit bien en tirer une mauvaise renommée, quand elle consent à cette trahison. Elle en paiera les écots, car on lui reprochera souvent la vilenie et les coups bas.

XXIV—"Depuis que saint Quentin s'en fut venu de Rome en Aoste-sur-Somme, jamais Rome ne fut aussi grande dame qu'à présent, en voilà la somme. Car elle assomme tout ce qu'elle a créé et le dame; c'est elle qui entame tout ce qui est droiture et qui prise trop son or fin, qu'elle nomme renommée. Si Dieu pouvait aider mon âme, Il doit bien tomber de son escabeau, car Rome fait du tort à maint honnête homme.

XXV—"Celui qui fit ce poème dit dans ses vers que ni félon, ni traitre, ni serf n'entreront jamais au paradis, ni le félon, ni le vilain, ni le misérable, ni les ermites des déserts, s'ils n'ont pas une bonne fin. Hélas! que fera donc le chétif qui vous aurait mis, par erreur, vous, Chrétiens, là où se trouve l'Enfer? N'eût-été le saint Esprit, qui inspira Coradin, notre droit eût été renversé.

XXVI—"Nous attendons tous, d'un commun accord, d'abord la mort et puis le jugement. Contre ces deux-là, il n'y a aucun réconfort, mais il faut se repentir rapidement et se purifier complètement de tous les remords du coeur. Celui qui ne le fait pas avant de mourir, aura beau se plaindre, et à tort, lorsque Dieu lui tendra Son jugement. Avant de ramener la nef au port, on doit en prendre soin comme on voit le faire aux hommes de mer seulement.

La note finale peut faire penser que Huon de Saint-Quentin était lui-même clerc, ou, en tout cas, avait reçu une éducation cléricale. Même devant l'idée de la mort, le poète ne perd point son sens de l'humour, cf. v. 308, et termine son poème sur des images empruntées à la vie des navigateurs. Ne peut-on supposer qu'il a lui-même fait au moins deux traversées, de France en Orient et retour?

En décrivant brièvement le style et la langue de la *Complainte de Jérusalem*, G. Gröber, dans son *Grundriss der romanischen Philologie (op. cit.)*, p. 704, les qualifie de pleins d'élan et de chaleur.

A vrai dire, on ne peut que sé féliciter du style de Huon de Saint-Quentin, dans cette pièce, ainsi que de la langue et de la versification. Pour ce qui est, par exemple, des rimes riches et des jeux de mots, la mesure relative de ces emplois serait plutôt à louer qu'à blâmer.

Par contre, l'on ne saurait souscrire entièrement aux

t. II, 1865, p. 20; dans J. et L. Beck, "Les Chansonniers du roi", dans *Corpus cantilenarum medii aevi*, Ie série, *Les Chansons des troubadours et des trouvères*, t. 2, Londres et Oxford, 1938, p. 23; et dans Hans Spanke, "Der Chansonnier du Roi", dans *Romanische Forschungen*, t. 57, 1943, p. 58.

Nous nous en tiendrons, d'une manière générale, à la leçon du ms. *T.*, pour les raisons invoquées à propos de la pièce I (cf. ci-dessus, p. 81). Il faut signaler également que le fol. 81 du ms. *M.* comporte une coupure importante, qui nous prive de la dernière strophe et de l'envoi de la pastourelle.

L'attribution de cette pièce à Huon de Saint-Quentin a pu poser en son temps un certain nombre de problèmes. En effet, à première vue, on a pu penser que le ms. *M.* attribue la pastourelle à Giles de Viés Maison. Mais déjà Gaston Raynaud avait émis des doutes à ce sujet, lorsqu'il donnait, dans sa *Bibliographie des chansonniers français*, les détails suivants:

R 41. *A l'entrant du tans sauvage*
       De Vié Maisons, *M.*
       Hues de Saint-Quentin, table de *M.*
       Anonyme, *T.*

Cette chanson, qu'on trouve donc seulement dans les mss. *M.* et *T.*, porte dans le corps du ms. *M.* la rubrique *de Viés Maisons* et à la table de *M.*, *Hues de Saint-Quentin*. Il est évident que la rubrication de *M.*, pour les mots *de Viés Maisons*, entend Giles de Viés Maisons. Au fol. 80*r⁰ a* du même ms. on lit la rubrique générale: *I coumencent les canchons monsigneur Gilon de Viés Maisons*, suivie immédiatement de la chanson de cet auteur, R. 2105. Suit, à la colonne *b*, sous la nouvelle rubrique *Mesire Giles de Viés Maisons*, la chanson R. 1124. Voici d'ailleurs le tableau de l'économie de l'endroit en question:

fol. 80 *r⁰a*: I coumencent les canchons monsigneur Gilon de Viés Maisons
              R. 2105 *Pluie ne vens, gelle ne froidure.*
fol. 80 *r⁰ b*: Mesire Giles de Viés Maisons.
              R. 1124 *Chanter m'estuet, quar pris est mien corages.*

fol. 80 v^0 a: Suite de R. 1124.
fol. 80 v^0 b: Mesire Giles de Viés Maisons.
              R. 1252 *Se par chanter me pooie alegier.*
fol. 81 r^0 a: Suite de R. 1252
fol. 81 r^0 b: Coupure (ont disparu: le dernier mot de R. 1252, la
              miniature de Huon de Saint-Quentin; la rubrique *Huon de*
              Saint-Quentin se rapportant aux deux chansons qui sui-
              vent le début de R. 1576).
              Suite de R. 1576 (c'est notre pièce I).
fol. 81 v^0 a: Coupure (comportant une partie de I^0).
              Suite de I.
fol. 81 v^0 b: Fin de I.
              De viés Maisons.
fol. 82 r^0 a: R. 41 *A l'entrant del tanz salvage,* jusqu'au v. 32, le reste
              étant déchiré.

    La rubrique *Hues de Saint Quentin,* commune aux chan-
sons R. 1576 et R. 41 (nos pièces I et III), ayant ainsi disparu
avec la miniature, un rubricateur, supposant que les deux
chansons appartenaient au même groupe que les pièces pré-
cédant immédiatement sous le vocable de Gilles de Viés
Maisons, aura muni la chanson R. 41 (notre III) de la rubrique
de Viés Maisons. De plus, cette même rubrique, deux folios
avant le nôtre, semble être postérieure à la mutilation: elle est
d'une main plus lourde que celle qui a écrit les autres rubriques
du cahier. C'est donc l'ablation de la miniature de Huon de
Saint-Quentin qui a amené cette fausse attribution de III à
Giles de Viés Maisons. Si le rubricateur avait consulté la table,
il aurait trouvé que cette chanson y figure comme deuxième du
groupe attribué *Hués de Saint-Quentin,* avec son incipit, à la
suite de l'incipit de la pièce I. Cette attribution est confirmée
d'ailleurs par le ms. *T.,* où la *table des auteurs* mentionne *Hues de*
Saint-Quentin, d'une main tardive à celle du scribe, qui laisse
notre pièce comme étant anonyme, sans doute par mégarde,
bien qu'il ait marqué le nom de notre poète dans la rubrique de
I, qui précède immédiatement notre pastourelle dans le manuscrit.
    La versification de cette pièce peut paraître un peu com-

117

pliquée et parfois le scribe a l'air de s'être trompé. Ce sont donc
5 strophes de 8 vers chacune et un envoi de 4 vers. Cette forme
très répandue s'amplifie pourtant lorsque l'on constate que le
schéma de la rime est *ababbcbc* et, surtout, le schéma rythmique
est 74747575 syllables. C'est, en tout cas, le schéma voulu, car,
dans le manuscrit, le texte s'en écarte sur bien des points. Le
tableau des rimes étant le suivant:

	a	*b*	*a*	*b*	*b*	*c*	*b*	*c*
I	age	ot	age	oc	ot	elle	ot	elle
II	elle	ol	ete	eo	ot	elle	ot	elle
III	ete	ois	ete	ois	ois	ote	ois	ote
IV	fole	iez	ete	iez	ier	ote	ier	ote
V	ote	ois	ie	ois	ois	oite	is	ote
Envoi					eaus	aire	eaus	aire

Il n'y a donc que les couplets I et III qui soient tout à fait
corrects; même l'envoi n'est pas conforme à l'usage qui veut
que ce soient les rimes de la dernière strophe qui y reviennent.

I	A l'entrant del tanz salvage	*T.* fol. 43r⁰

I   A l'entrant del tanz salvage   *T.* fol. 43r⁰
        K'ivers s'enclot,
        ke cist oisellon salvage
        chantent et ioc,   4
        oi touse ki chantot
        Dales une trelle,
        Mout ert bele, si gardot
        Cabriaus ki broustelle.   8

II   Dras ot nous come cornelle,
        Et soubre col,
        La crine ki fu blanchete

I   2 *M.* quiuer s'esclot—3 *M.* oiseillon—4 *T.* mq. chantent; *M.* jot—5 *M.*
qui—6 *M.* delez u. treille—7 *M.* gardoit—8 *M.* cabriauz qui brousteille.

    II   9 *M.* corneille—10 *M.* s. lou col—11 *M.* origne qui—12 *M.* mq.—13 *M.*
lou soleill—15 *M.* eu crei ben que—16 *M.* pareille.

Reflambiot 12
Quant li solaus flambiot
Ki le mont sorelle,
Ie cuic bien ke il n'en ot
El mont son parelle. 18

III   Quant fui pres de la tousete,
Dis li manois
'Diex ti ait, bergerete,
Ci en l'erbois. 20
Conment as nom? sans gabois
Di le moi u note'.
'Pour itant que guart cabrois
M'apele on Cabrote'. 24

IV   'Cabrote, ne soiez fole,
Ne vos iriez,
Mais devenez m'amiete,
Si me baisiez. 28
Je vos donrai gent loier,
Aumosniere ou cote;
Assez aim miex dosnoier
Ke harpe ne rote'. 32

V   Ainc mais n'oi tel riote,
Molt fu courtois,
Souz la treille ki foillie,
Desour l'erbois 36
Le gu li ai fait trois fois,
Puis la lieve droite:

III   18 *M.* si li d. manoiz—19 *M.* dex t. a. bregerete—20 *M.* ici—21 *M.* sanz.

IV   26 *M.* si ne—28 *M.* et—29 *M.* vous—31 *M.* mieuz. A partir du v. 32, *M.* devient inutilisable.

Puis me dist 'amis, amis,
Ci a plaisant note'.   40
Quant jou en oi mes aveaus
Tant con moi vaut plaire,
Si retorne ses cabreaus,
Riant s'en repaire.   44

IV
Par desous l'ombre d'un bois

Cette deuxième pastourelle de Huon de Saint-Quentin a
connu cinq éditions précédentes (et deux attributions différentes): 1°—L. J. V. Monmerqué et Francisque Michel, *Théâtre
français au moyen âge*, (XIe–XIVe siècles), Paris, 1839, p. 39,
attribuée à Hués de Saint-Quentin; 2° J.-A.-C. Buchon, dans
*Rechereches et matériaux pour servir à une histoire de la domination
française aux XIIIe, XIVe, et XVe siècles dans les provinces démembrées de l'Empire grec à la suite de la Quatrième Croisade*, Ière
partie, Paris, 1840, p. 424, d'après les ms. *M* et sous la rubrique
Jean de Brienne; L.-H.-P. Tarbé, dans *Les chansonniers de
Champagne aux XIIe et XIIIe siècles*, Reims, 1850, p. 21–22. P.
130, n. 15, Tarbé écrit que cette chanson est "réclamée" par le
chanoine (sic) de Saint-Quentin mais elle est "en réalité" due à
Jean de Brienne; 4°—Karl Bartsch, *Altfranzösische Romanzen und
Pastourellen*, Leipzig, 1870: cet éditeur, dont nous avons parlé à
plusieurs reprises, mentionne les deux mss., *M.* et *T.*, et attri-
bue la pastourelle à Huon de Saint-Quentin; 5°—G. Paris et E.
Langlois, dans les treize éditions de leur *Chrestomatie du moyen
âge*, de 1897 à 1913, attribuent la pastourelle "au comte Jean de
Brienne qui fut roi de Jérusalem …".

   G. Raynaud lui donne le no. 1830 et l'attribue sans hésitation à Huon de Saint-Quentin. Le doute a pu paraître à cause de la rubrique *Il cuens Jehans de Braine*, au fol. 79 v^0 b du Ms. *M*. Mais il faut ajouter tout de suite que ce ms. ne nous donne que les douze premiers vers de la pastourelle. Quant au ms. *T.*, le fol. 43 v^0 porte en marge une insciption à l'encre: *Jean de Braine*. Mais la table du ms. attribue le poème à Huon de Saint-Quentin. De plus, la pièce suit immédiatement *A l'entrant del tanz salvage* (notre pièce III). L'attribution à Huon de Saint-Quentin est donc assez évidente.

Nous avons à faire encore une fois à une pièce à forme fixe, huit strophes de six vers à sept syllabes. Le schéma de la rime est le suivant: *aababa*. Chaque couplet se termine sur le refrain: *ae!*

Enfin, c'est une pastourelle du troisième groupe, selon la définition de M. Delbouille (cf. ci-dessus, p. 72–73), puisque, ici, la bergère refuse obstinément les avances du "chevalier-poète":

I	Par desous l'ombre d'un bois	*T.* fol. 43v^0
	Trovai pastoure a mon cois;	
	contre iver est bien guarnie	
	la tousete, ot les crins blois.	4
	Quant la vi sans compaignie,	
	Mon chemin lais, vers li vois. ae!	
II	La touse n'ot compaignon	
	Fors son chien et son baston;	8
	Pour le froit en sa chapele	
	Se tapist les un buisson.	
	En sa flehute regrete	
	Garinet et Robeçon; ae!	12

I 2 *M.* chois—3 *M.* yver e. b. garnie—5 *M.* compeignie.

II 8 *M.* pur la fredor—12 *M.* garinet: le reste du poème manque.

III   Quant la vi soutainement
       Vers li torn et si descent;
       Ce li dis 'pastoure amie,
       De bon cuer a vos me rent: 16
       Faisons de foille courtine,
       S'amerons mignotement! 'ae!

IV   'Sire, traies vos en la,
       Car tel plait oi je ja.   20
       Ne sui pas abandonnee
       A chascun, ki dist "vien cha".
       Ja pour vo sele doree
       Garines riens n'i perdra' ae!   24

V   'Pastourele, si t'es bel,
       Dame seras d'un chastel.
       Deffuble chape grisete,
       S'afuble cest vair mantel;   28
       Si sambleras la rosete
       Ki s'espanit de novel.' ae!

VI   'Sire, ci a grant covent;
       Mais molt est fole ki prent   32
       D'ome estrange en tel maniere
       Mantel vair ne garniment,
       Se ne li fait sa proiere
       Et ses boens ne li consent!' ae! 36

VII   'Pastourele, en moie foi,
       Pour cou que bele te voi,
       Cointe Dame, noble et fiere,
       Se tu vuels, ferai de toi.   40
       Laisse l'amour garçonniere,
       Si te tien del tout a moi'! ae!

VIII   'Sire, or pais, je vos en pri,
N'ai pas le cuer si failli,   44
Ke n'aim miex povre deserte
Sous la foille od mon ami
Ke dame en chambre coverte:
Si n'ait on cure de mi'. ae!   48

Glossaire

acomenier, v. intr., "donner la communion" (II, 168)
aferné, part. prés. adjectival, c.s. pl. du v. *aferner,* "bridés" (II, 240).
m'afi, ind. prés. 1e pers. sing. du v. *s'afir,* pronom. "me fiai" (II, 155).
ancele, s. f. c.r. sing., "domestique, serviteur", (II, 197).
l'anui, s.m. c.r. sing., "l'ennui" (I, 39).
asome, ind.pr. 3e pers. sing. du v. *asomer,* "assomme, attaque" (II, 281).
aumosniere, s.f. c.r. sing., "aumonière, bourse" (III, 30).
aveaus, s.f. c.r. pl., "désir, volonté, plaisir" (III, 41).
broion, adj. f. c.r. sing., "piégée", (II, 32).
broustelle, ind. prés. 3e pers. sing. du v. *brousteler,* "broute", (III, 8).
cabraus, s.m. c.r. pl., "chèvre, chevreau", (III, 8—sans article; 43).
campion, s.m. c.r. sing., sans article, "chef", (II, 223).
chaue, adj. f. de *chaux,* c.r. sing., "creuse", (II, 32).
chaus a senestre, loc. adjectivale, "devenu complètement creux", (II, 211).
conroi, s.m. c.r. pl., "ordres, dispositions", (II, 128).
consiut, part. pas. du v. *conseoir,* "créé, conçu", (II, 281).
crerra, fut. 3e pers. sing. du v. *crerre,* "absoudra", (II, 47).
la crine, s.f. c.s. sing., "la chevelure", (III, 11).
cote, s.f. c.f. sing., "cotte, tunique, jupe paysanne", (III, 30).
courtine, s.f. c.r. sing., sans article, "rideau", (IV, 17).
convent, s.m. c.r. sing., sans article, "promesse", (IV, 31).
cuivers, adj. substantival, c.s. sing., "misérable", (II, 292).
dame, ind. prés. 3e pers. s. du v. *damer,* "dame", (II, 282).
deffuble, impér. 2e pers. sing., du v. *deffubler,* "enlever, ôter", (IV, 27).
le descroisier, s.m. c.r. sing., "le fait de se décroiser", (I, 8).

125

destempré, part. passé du v. tr. *destemprer*, "concoté, fabriqué, (II, 19).
li destorbier, s.m. (verbal), c.s. pl., "les empêchements, troubles, vexations", (I, 39).
detriier, v. tr., inf. "détourner, reculer, retarder", (I, 31).
dosnoier, s.m. c.r. pl., sans article, "privautés amoureuses", (III, 31).
emprendre, v. tr., inf. "entreprendre", (II, 70).
enclavés, part. passé, c.r. pl., du v. *enclaver*, "enfermés (à clé)", (II, 144).
s'enclot, ind. prés. 3e pers. sing., du v. pronom. *s'enclore*, "s'enfermer, se terminer", (III, 2).
s'endebreter, v. pronom. inf., "s'affaiblir", (II, 244).
l'engan, s.m. c.r. sing., "la ruse, la tromperie", (II, 88).
ensement, adv. de manière, "pareillement", (II, 199).
entesé, part. passé du v. tr. *enteser*, tendu", (II, 232).
envis, s.m., c.s. sing., sans article, "mauvaise grâce, déplaisir"—*mout envis*, loc. adv., "malgré soi, de mauvaise grâce", (I, 8).
l'erbois, s.m. c.r., sing., "la prairie", (III, 20).
l'escame, s.f. c.r. sing., "banquette, escabeau", (II, 287).
esprisier, v. tr. inf., "priser, apprécier", (I, 42).
est en l'angle mas, loc. verb., "a été poussé à bout", (II, 41).
faura, fut. 3e pers. sing., duv. *faillir*, "perdra", (I, 11).
flambiot, passé s. 3e pers. sing., du v. *flambier*, "luire, briller", (III, 13).
la flehute, s.f. c.r. sing., "la petite flûte", (IV, 11).
gabois, s.m. c.s. sing., "plaisanterie, moquerie", (III, 21).
garçonniere, adj. f. c.r. sing., "pour un jeune garçon", (IV, 41).
li garniment, s.m. c.r. sing., "le bien, le vêtement", (I, 16).
le gu, s.m. c.r. sing., "le jeu, l'acte sexuel", (III, 37).
li guerredon, s.m. c.s. pl., "les récompenses", (I, 41).
hastiu, adj. de manière, "rapidement, hâtivement", (II, 128).
isnelement, adv. de manière, "rapidement", (II, 304).
jeter ambes a, loc verb., "causer de la male chance à", (II, 38).
li loier, s.m. c.s. pl., "les contributions, les récompenses, (I, 18; III, 29).
lorains, s.m. c.r. pl., sans article, "courroies en cuir", (II, 17).
manois, adv. de temps, "tout de suite", (III, 18).
mesciet, ind. prés. 3e pers. sing., du v. impers. *mescevoir*, "elle est inconvenante", (II, 196).
mesprendés, ind. prés. 2e pers. pl. du v. tr. *mesprendre*, "vous vous y méprenez", (II, 175).
navré, part. passé, adjectival, c.r. sing., du v. *navrer*, "blessé", (II, 233).
note, impér. 2e pers. sing., du v. *noter*, "chante", (III, 22).
orsiaus, s.m. c.r. pl., sans article, "carafes de vin", (II, 17).
le pan, s.m. c.r. sing., "le pan", (II, 85).
parconier, adj. (attr.), c.s. pl., "associé", (II, 157).
peris, part. passé, adjectival, c.s. sing., du v. *perir*, "dévasté, détruit", (II, 211).

la raençon, s.f. c.r. sing., "la rançon", (I, 29).

reflambiot, passé simple, 3e pers. sing., du v. *reflambier,* "reluisit", (III, 12).

renprovera, fut. 3e pers. sing., impers. du v. *renprouver,* "reprochera", (II, 276).

s'en repaire, ind. pr. 3e pers. sing., pronom. du v. *s'en repairier,* "retourne, s'en va", (III, 44).

res (ras), adj. m.c.s. sing., "tondu, coupé, jusqu'à la peau", (II, 124).

resoignier, v. tr. inf., "redouter, craindre, hésiter", (I, 38).

retolu, part. pas. du v. *retolir,* "enlevé, ôté", (I, 21).

riote, s.f. c.r. sing., sans article, "ébat amoureux", (III, 33).

ront, part. passé du v. *ronpre,* "rompu, déchiré", (II, 85).

rote, s.f. c.r. sing., sans article, "instrument de musique" à cordes frottées du genre de la vielle ou du violon, (III, 32).

soindre, v. inf., "prendre soin", (II, 311).

sorelle, ind. prés., 3e pers. du v. *soreiller* ou *soleiller,* "dorer, colorer", (III, 14).

soubrecot, s.m. c.r. sing., sans article, "surcot", (III, 10).

souspris, part. passé du v. *sousprendre,* "saisis", (I, 14).

se tapist, ind. pas. simple 3e pers. sing., du v. pronom. *se tapir,* "se cacha", (IV, 10).

tece, s.f. c.r. sing., sans article, "veine de sang impur, présence malveillante", (II, 188).

tondus, part. passé, adjectival, c.s. sing., du v. *tondre,* "tondu, coupé, jusqu'à la peau", (II, 124).

la touse, s.f. c.s. sing., "la jeune fille", (III, 5; IV, 7).

la tousete, s.f. c.s. sing., diminutif de *la touse,* "la jeune fille aux cheveux courts", (II, 17; IV, 5).

la trelle, s.f. c.r. sing., "la treille, la grille", (III, 6).

vaine, s.f. c.r. sing., sans article, "veine de sang impur, présence malveillante", (II, 187).

Indications Bibliographiques

1. La cinquième croisade

A. Documents

Honorii III Romani Pontificis Opera Omnia, éd. C. A. Horoy, 5 vols., Paris, 1879–1882.
Historica Diplomatica Frederici Secundi, éd. J. Huillard-Bréholles, 6 vols., Paris, 1852–1861.
Jacques de Vitry, *Epistolae,* éd. R. Röhricht, dans *Zeitschrift für Kirchengeschichte,* vols 14–16, 1894–1896.

B. Annales et chroniques

Albéric des Trois-Fontaines, *Chronicon,* dans *Recueil des Historiens des Gaules et de la France (R.H.F.),* XVIII, Paris, 1869.
Annales Melrosnenses, éd. R. Pauli, dans *M.G.H., Scriptores,* XVII, Hanovre, 1885.
Chronicon de Rebus Siculi, cité par Huillard-Bréholles dans *Historica Diplomatica,* 1.
Eracles, l'Estoire de, dans *R.H.C. Occidentaux,* II, Paris, 1859.
Ernoul, *Chronique,* éd. de Mas Latrie, Paris, 1871.
Gesta Obsidionis Damiete, éd R. Röhricht, dans *Scriptores Minores,* Genève, 1879.
"L'Histoire des patriarches d'Alexandrie relatifs au siège de Damiette", trad. par E. Blochet, dans *Revue de l'Orient latin,* XI, Paris, 1908.
Olivier le Scolastique, *Historia Damiatina* et *Epistolae,* éd. H. Hoogeweg, dans *Bibliothek des Litterarischen Vereins in Stuttgart,* vol. 202, Tübingen, 1894.
Roger de Wendover, *Flores Historiarum,* éd Henry J. Hewlett, vol. 84 de Rolls series, Londres, 1886–1889.

C. Auteurs secondaires

Ludwig Böhm, *Johann von Brienne*, Heidelberg, 1938.

Louis Bréhier, *L'Eglise et l'Orient au moyen âge: les croisades*, 5e éd., Paris, 1928.

Joseph P. Donovan, *Pelagius and the Fifth Crusade*, Philadelphie, 1950.

Rene Grousset, *Histoire des croisades et du royaume franc de Jérusalem*, vol. 3, Paris, 1936.

Hermann Hoogeweg, "Der Kreuzzug von Damiette, 1217–1221", dans *Mittheilungen des Instituts für Oesterreichische Geschichtsforschung*, VIII–IX, Innsbruck, 1887–1888.

Wilhelm Knebel, *Kaiser Friedrich II und Papst Honorius III in ihren gegenseitigen Beziehungen 1220–1227*, Münster, 1905.

Louis de Mas Latrie, *Histoire de l'île de Chypre sous le règne des princes de la maison de Lusignan*, 3 vols., Paris, 1855–1861.

Paul Meyer, "La prise de Damiette en 1219; relation inédite en provençal", dans *Bibliothèque de l'Ecole des Chartes*, XXXVIII, 1877.

Jean Richard, *L'esprit de la croisade*, Paris, 1969.

———, *Le royaume latin de Jérusalem*, Paris, 1952.

Paul Rousset, *Histoire des croisades*, Paris, 1957.

Reinhold Röhricht, *Studien zur Geschichte des Fünften Kreuzzuges*, Innsbruck, 1891.

Steven Runciman, *A History of the Crusades*, vol. 3, Cambridge, 1954.

Palmer A. Throop, *Criticism of the Crusades: A Study of Public Opinion and Crusade Propaganda*, Amsterdam, 1940. c.r. John L. La Monte, dans *Speculum*, XVI, 1941, p. 262–265.

———, "Criticism of Papal Crusade Policy in Old French and Provençal", dans *Speculum*, XIII, 1938.

II. Huon de Saint-Quentin

A. Editions des pièces du poète et descriptions des mss.

Karl Bartsch, *Altfranzösische Romanzen und Pastourellen*, Leizig, 1870. c.r. Gaston Paris, dans *Revue critique d'histoire littéraire*, II, 1870, p. 60–62.

——— et Adolf Horning, *La langue et la littérature françaises depuis le IXe jusqu'au XIVe siècle*, Paris, 1887. c.r. Gaston Paris, dans *Romania*, t. 18, 1889, p. 140.

Joseph Bédier et Pierre Aubry, *Les chansons de croisade*, Paris, 1909, p. 145–151.

Carleton Brown, *English Lyrics of the XIIIth Century*, Oxford, 1932. c.r. B. J. Whiting, dans *Speculum*, IX, 1934, p. 219–225.

J.-A.-C. Buchon, *Recherches et matériaux pour servir à une histoire de la domination française aux XIIIe, XIVe et XVe siècles dans les provinces démembrées de l'Empire grec à la suite de la Quatrième Croisade*, Ière partie, Paris, 1840, p. 424–426.

A. W. Byvanck, *Les principaux manuscrits à peinture de la Bibliothèque royale des Pays-Bas à La Haye*, Paris, 1924.

Léopold Delisle, *Mélanges de paléographie et de bibliographie*, Paris, 1880, p. 207 ss.

Joseph Gildea, *Drumart le Galois, roman arthurien du XIIIe siècle*, t. II, Villanova, 1966, p. 7–17.

Gustav Haenel, *Catalogi librorum manuscriptorum qui in Bibliothecis Galliæ, Helvetiae, Belgii, Britanniae, Hispaniae, Lusitaniae asservantur*, Leipzig, 1830, col. 741.

Hermann Hagen, *Catalogus Codicum Bernensium*, Berne, 1875, p. 159.

Achille Jubinal, *Lettres à M. le Comte de Salvandy sur quelques mss. de la Bibliothèque royale de La Haye*, Paris, 1846, p. 65 ss.

————, *Rapport à M. le Ministre de l'Instruction Publique, suivi de quelques pièces inédites tirées des mss. de la bibliothèque de Berne*, Paris, 1838, p. 20–21, 37–38, 57–65.

Jean-Benjamin de la Borde, *Essai sur la musique ancienne et moderne*, 4 vols., Paris, 1780.

Leroux de Lincy, *Recueil de chants historiques français depuis le XIIe jusqu'au XVIIIe siècle*, Ière série, XIIe, XIIIe, XIVe et XVe siècles, Paris, 1841, p. 122–124.

Gulielmus D. Macray, *Catalogi Codicum Manuscriptorum Bibliothecae Bodleianae Pars Nona Codices a viro clarissimo Kenneth Digby, E.Q., AUP., anno 1634 donati*, Oxford, 1883.

Johann Georg Meusel, *Teutsches Künstlerlexicon oder Verzeichniss der jetztlebenden Teutschen Künstler*, t. III, Lemgo, 1814, p. 326–329.

Francisque Michel, *Rapports au Ministre*, dans *Collection des documents inédits*, Paris, 1839, p. 52–53.

L.-J.-V. Monmerqué et Fr. Michel, *Théâtre français au moyen âge (XIe - XIVe siècles)*, Paris, 1839, p. 39.

Gaston Paris, "L'auteur de la *Complainte de Jérusalem*", dans *Romania*, XIX, 1890, p. 294–296.

Gaston Paris et Ernest Langlois, *Chrestomatie du moyen âge*, 1ère éd., Paris, 1897 — 13e éd., Paris, 1923.

Gaston Paris et Leopold Pannier, *La vie de saint Alexis*, éd., Paris, Bibliothèque de l'Ecole des Hautes Etudes, No. 7, 1872, p. 207–216.

Holger Petersen Dyggve, "Trouvères et protecteurs des trouvères dans les cours seigneuriales de France", dans *Annales Academiae Scientiarum Fennicae - B*, 50, 2, Helsinki, 1942, p. 39–239.

Harry Wolcott Robbins, *Saint Edmond's "MERURE DE SEINTE EGLISE," an Early Example of Rhythmical Prose*, Lewisburg, Pa., 1923.

Alfred Rochat, *Über einen bisher unbekannten Percheval li Galois, eine literarhistorische Abhandlung*, Zürich, 1855, p. vii–x.

J. R. Sinner, *Bibliothecae Bernensis Codicum Mss. Syllabus—Index Alphabeticus*, Berne, 1773.

————, *Catalogus Codicum mss. Bibliothecae Bernensis*, t. II, Berne, 1770, p. 389–391 et t. III, Berne, 1772, p. 344–355.

Edmund Stengel, *Codicem Manu Scriptum Digby 86 in Bibliotheca Bodleiana asservatum descripsit, excerpsit, illustravit*, Halle, 1871, p. 106–118. c.r. Paul Meyer, dans *Romania*, I, 1872, p. 247.

————, *Li Romans de Durmart le Galois*, éd., Stuttgart, 1873, p. 448–458.

L.-H.-P. Tarbé, *Les chansonniers de Champagne aux XIIe et XIIIe siècles*, Reims, 1850, p. 21–22.

Carl-Wilhelm Wackernagel, *Altfranzösische Lieder und Leiche*, Bâle, 1846.

B. Autour de Huon de Saint-Quentin

J. et L. Beck, *Les Chansonniers du roi*, dans *Corpus cantilenarum medii aevi*, Ière série. Les chansons des troubadours et des trouvères, no. 2, t. II, Londres-Oxford, Philadelphie, 1938.

131

Adolf Bernhardt, *Die altfranzösische Helinandstrophe*, Münster in Westfl., 1912, p. 53–54.

Ulysse Chevalier, *Répertoire des sources historiques du moyen âge, Bio-bibliographie*, t. I, Paris, 1905, col. 2216.

Gustav Gröber, *Grundriss der romanischen Philologie*, II, 1, Strasbourge, 1914, p. 681 et 704–705.

C. Hofmann, "Altfranzösische Pastourellen aus dem Berner Handschrift No. 389", dans *Sitzungbericht der Königlicher bayerischen Akademie der Wissenschaften zu München*, t. II, 1865, p. 20.

Arthur Langfors, *Les Incipit des poèmes français antérieurs au XVIe siècle*, Notes de Paul Meyer, Paris, 1917.

V. Le Clerc, les p. 414–416 de l'*Histoire littéraire de la France*, t. XXIII, 1856.

G. Muraille, art. sur *Hue de Saint-Quentin*, dans *Dictionnaire des Lettres Française—Le moyen âge*, Paris, 1964, p. 382.

Gotthold Naetebus, *Die nichtlyrischen Strophenformen des altfranzösischen. Ein Verzeichnis*, Leipzig, 1891, p. 108.

Gaston Paris, *Manuel d'histoire de la littérature française au moyen âge (XIe - XIVe siècle)*, Paris, 1888, p. 156.

Paulin Paris, les p. 621–623 de l'*Histoire littéraire de la France*, t. XXIII, 1856.

Gaston Raynaud, *Bibliographie des chansonniers français*, Paris, 1884.

Hans Spanke, *Gaston Raynauds Bibliographie des altfranzösischen Liedes*, neu bearbeitet und ergänzt, t. I, Leiden, 1955.

————, "Der Chansonnier du Roi", dans *Romanische Forschungen*, t. 57, 1943, p. 38–104.

III. Lectures générales

Bernard de Clairvaux, *De Consideratione*, dans Migne, *Patrologie latine*, t. 182, 1854, col. 741.

Carl Erdman, "Die Entstehung des Kreuzzugsgedankes", dans *Forschungen zur Kirchen- und Geistesgeschichte*, t. VI, Stuttgart, 1935, p. 212 ss.

Humbert de Romans, *Opus Tripartitum*, éd. Brown, Londres, 1690, p. 192 ss.

Rose Jeffries Peebles, *The Legend of Longinus in Ecclesiastical Tradition and in English Literature, and its connection with the Grail*, Bryn Mawr College Monograph Series, vol. IX, Baltimore, 1911.

O. Klein, éd. *Die Dichtungen des Mönchs von Montaudon*, dans Ausgaben und Abhandlungen aus dem Gebiete der romanischen Philologie, Helft 7, Marburg, 1885, p. 30–34.

Carl Kröner, *Die Longinuslegende, ihre Enstehung und Ausbreitung in der französischen Literatur*. Münster i. Westfl., 1899.

Mary Morton Wood, *The Spirit of Protest in Old French Literature*, dans Columbia University Studies in Romance Philology and Literature, New York, 1917, p. 74–134.

Index des noms de lieux
et de personnes

134

135

stuδia humanitatis

PUBLISHED VOLUMES

LOUIS MARCELLO LA FAVIA, *Benvenuto Rambaldi da Imola: Dantista.* xii–188 pp. US $9.25.

JOHN O'CONNOR, *Balzac's Soluble Fish.* xii–252 pp. US $14.25.

CARLOS GARCÍA, *La desordenada codicia,* edición crítica de Giulio Massano. xii–220 pp. US $11.50.

EVERETT W. HESSE, *Interpretando la Comedia.* xii–184 pp. US $10.00.

LEWIS KAMM, *The Object in Zola's* ROUGON-MACQUART. xii–160 pp. US $9.25.

ANN BUGLIANI, *Women and the Feminine Principle in the Works of Paul Claudel.* xii–144 pp. US $9.25.

CHARLOTTE FRANKEL GERRARD, *Montherlant and Suicide.* xvi–72 pp. US $5.00.

The Two Hesperias. Literary Studies in Honor of Joseph G. Fucilla. Edited by Americo Bugliani. xx–372 pp. US $30.00.

JEAN J. SMOOT, *A Comparison of Plays by John M. Synge and Federico García Lorca: The Poets and Time.* xiii–220 pp. US $13.00.

Laclos. Critical Approaches to Les Liaisons dangereuses. Ed. Lloyd R. Free. xii–300 pp. US $17.00.

JULIA CONAWAY BONDANELLA, *Petrarch's Visions and their Renaissance Analogues.* xii–120 pp. US $7.00.

VINCENZO TRIPODI, *Studi su Foscolo e Stern.* xii–216 pp. US $13.00.

GENARO J. PÉREZ, *Formalist Elements in the Novels of Juan Goytisolo*. xii–216 pp. US $12.50.

SARA MARIA ADLER, *Calvino: The Writer as Fablemaker*. xviii–164 pp. US $11.50.

LOPE DE VEGA, *El amor enamorado*, critical edition of John B. Wooldridge, Jr. xvi–236 pp. US $13.00.

NANCY DERSOFI, *Arcadia and the Stage: A Study of the Theater of Angelo Beolco* (called *Ruzante*). xii–180 pp. US $10.00

JOHN A. FREY, *The Aesthetics of the* ROUGON-MACQUART. xvi–356 pp. US $20.00.

CHESTER W. OBUCHOWSKI, *Mars on Trial: War as Seen by French Writers of the Twentieth Century*. xiv–320 pp. US $20.00.

JEREMY T. MEDINA, *Spanish Realism: Theory and Practice of a Concept in the Nineteenth Century*. xviii–374 pp. US $17.50.

MAUDA BREGOLI-RUSSO, *Boiardo Lirico*. viii–204 pp. US $11.00.

ROBERT H. MILLER, ed. *Sir John Harington: A Supplie or Addicion to the Catalogue of Bishops to the Yeare 1608*. xii–214 pp. US $13.50.

NICOLÁS E. ÁLVAREZ, *La obra literaria de Jorge Mañach*. vii–279 pp. US $13.00.

MARIO ASTE, *La narrativa di Luigi Pirandello: Dalle novelle al romanzo Uno, Nessuno, e Centomila*. xvi–200 pp. US $11.00.

MECHTHILD CRANSTON, *Orion Resurgent: René Char, Poet of Presence*. xxiv–376 pp. US $22.50.

FRANK A. DOMÍNGUEZ, *The Medieval Argonautica*. viii–122 pp. US $10.50.

EVERETT HESSE, *New Perspectives on Comedia Criticism*. xix–174 pp. US $14.00.

ANTHONY A. CICCONE, *The Comedy of Language: Four Farces by Molière*. xii–144 $12.00.

ANTONIO PLANELLS, *Cortázar: Metafísica y erotismo*. xvi–220 pp. US $10.00.

MARY LEE BRETZ, *La evolución novelística de Pío Baroja*. viii–476 pp. US $22.50.

Romance Literary Studies: Homage to Harvey L. Johnson, ed. Marie A. Wellington and Martha O'Nan. xxxvii–185 pp. US $15.00.

GEORGE E. MCSPADDEN, *Don Quijote and the Spanish Prologues*, volume I. vi–114 pp. US $17.00.

Studies in Honor of Gerald E. Wade, edited by Sylvia Bowman, Bruno M. Damiani, Janet W. Díaz, E. Michael Gerli, Everett Hesse, John E. Keller, Luis Leal and Russell P. Sebold. xii–244 pp. US $20.00.

LOIS ANN RUSSELL, *Robert Challe: A Utopian Voice in the Early Enlightenment.* xiii–164 pp. US $12.50.

CRAIG WALLACE BARROW, *Montage in James Joyce's* ULYSSES. xiii–218 pp. US $16.50.

MARIA ELISA CIAVARELLI, *La fuerza de la sangre en la literatura del Siglo de Oro.* xii–274 pp. US $17.00.

JUAN MARÍA COROMINAS, *Castiglione y La Araucana: Estudio de una Influencia.* viii–139 pp. US $14.00.

KENNETH BROWN, *Anastasio Pantaleón de Ribera (1600–1629) Ingenioso Miembro de la República Literaria Española.* xix–420 pp. US $18.50.

JOHN STEVEN GEARY, *Formulaic Diction in the* Poema de Fernán González *and the* Mocedades de Rodrigo. xv–180 pp. US $15.50.

HARRIET K. GREIF, *Historia de nacimientos: The Poetry of Emilio Prados.* xi–399 pp. US $18.00.

El cancionero del Bachiller Jhoan López, edición crítica de Rosalind Gabin. lvi–362 pp. US $30.00.

VICTOR STRANDBERG, *Religious Psychology in American Literature.* xi–237 pp. US $17.50.

M. AMELIA KLENKE, O.P., *Chrétien de Troyes and "Le Conte del Graal": A Study of Sources and Symbolism.* xvii–88 pp. US $11.50.

MARINA SCORDILIS BROWNLEE, *The Poetics of Literary Theory: Lope de Vega's* Novelas a Marcia Leonarda *and Their Cervantine Context.* x–182 pp. US $16.50.

NATALIE NESBITT WOODLAND, *The Satirical Edge of Truth in "The Ring and the Book."* ix–166 pp. US $17.00.

JOSEPH BARBARINO, *The Latin and Romance Intervocalic Stops: A Quantitative and Comparative Study.* xi–153 pp. US $16.50.

SANDRA FORBES GERHARD, *"Don Quixote" and the Shelton Translation: A Stylistic Analysis.* viii–166 pp. US $16.00.

EVERETT W. HESSE, *Essays on Spanish Letters of the Golden Age.* xii–208 pp. US $16.50.

VALERIE D. GREENBERG, *Literature and Sensibilities in the Weimar Era: Short Stories in the "Neue Rundschau."* Preface by Eugene H. Falk. xiii–289 pp. US $18.00.

139

ANDREA PERRUCCI, *Shepherds' Song (La Cantata dei Pastori)*. English version by Miriam and Nello D'Aponte. xix–80 pp. US $11.50.

MARY JO MURATORE, *The Evolution of the Cornelian Heroine*. v–153 pp. US $17.50.

FERNANDO RIELO, *Teoría del Quijote*. xix–201 pp. US $17.00.

GALEOTTO DEL CARRETTO, *Li sei contenti e La Sofonisba*, edizione e commento di Mauda Bregoli Russo. viii–256 pp. US $16.50.

BIRUTÉ CIPLIJAUSKAITÉ, *Los noventayochistas y la historia*. vii–213 pp. US $16.00.

EDITH TOEGEL, *Emily Dickinson and Annette von Droste-Hülshoff: Poets as Women*. vii–109 pp. US $11.50.

DENNIS M. KRATZ, *Mocking Epic*. xv–171 pp. US $12.50.

EVERETT W. HESSE, *Theology, Sex and the Comedia and Other Essays*. xvii–129 pp. US $14.50.

HELÍ HERNÁNDEZ, *Antecedentes italianos de la novela picaresca española: estudio lingüístico-literario*. x–155 pp. US $14.50.

ANTONY VAN BEYSTERVELDT, *Amadís, Esplanadián, Calisto: historia de un linaje adulterado*. xv–276 pp. US $24.50.

ROUBEN C. CHOLAKIAN, *The "Moi" in the Middle Distance: A Study of the Narrative Voice in Rabelais*. vii–132 pp. US $16.50.

JUAN DE MENA, *Coplas de los Siete Pecados Mortales* and First Continuation, Volume I. Edition, Study and Notes by Gladys M. Rivera. xi–212 pp. US $22.50.

JAMES DONALD FOGELQUIST, *El Amadís y el género de la historia fingida*. x–253 pp. US$21.50.

EGLA MORALES BLOUIN, *El ciervo y la fuente: mito y folklore del agua en la lírica tradicional*. x–316 pp. US $22.50.

La pícara Justina. Edición de Bruno Mario Damiani. vii–492 pp. US $33.50.

Red Flags, Black Flags: Critical Essays on the Literature of the Spanish Civil War. Ed. John Beals Romeiser. xxxiv–256 pp. US $21.50.

RAQUEL CHANG-RODRÍGUEZ, *Violencia y subversión en la prosa colonial hispanoamericana*. xv–132 pp. US $18.50.

DAVID C. LEONARD AND SARA M. PUTZELL, *Perspectives on Nineteenth-Century Heroism: Essays from the 1981 Conference of the Southeastern Studies Association*. xvi–164 pp. US $20.00.

La Discontenta and La Pythia, edition with introduction and notes by Nicholas A. De Mara. vii–214 pp. US $17.00.

CALDERÓN DE LA BARCA, *The Prodigal Magician,* translated and edited by Bruce W. Wardropper. vii–250 pp. US $20.00.

JOHN R. BURT, *Selected Themes and Icons from Medieval Spanish Literature: Of Beards, Shoes, Cucumbers and Leprosy.* xi–111 pp. US $16.50.

ALAN FRANK KEELE, *The Apocalyptic Vision: A Thematic Exploration of Postwar German Literature.* vii–129 pp. US $19.00.

ARIÉ SERPER, *Huon de Saint-Quentin: Poète satirique et lyrique.* Etude historique et édition de textes. v–136 pp. US $20.00.

ROBERT COOGAN, *Babylon on the Rhone: A Translation of Letters of Dante, Petrarch, and Catherine of Siena on the Avignon Papacy.* x–128 pp. US $19.50.

LAWRENCE H. KLIBBE, *Lorca's "Impresiones y paisajes": The Young Artist.* xi–165 pp. US $18.00.

FORTHCOMING PUBLICATIONS

HELMUT HATZFELD, *Essais sur la littérature flamboyante.*

NANCY D'ANTUONO, *Boccaccio's novelle in Lope's theatre.*

Novelistas femeninas de la postguerra española, ed. Janet W. Díaz.

PERO LÓPEZ DE AYALA, *Crónica del Rey Don Pedro I,* edición crítica de Heanon y Constance Wilkins.

ALBERT H. LE MAY, *The Experimental Verse Theater of Valle-Inclán.*

ALONSO ORTIZ, *Diálogo sobre la educación del Príncipe Don Juan, hijo de los Reyes Católicos.* Introducción y versión de Giovanni Maria Bertini.

DARLENE J. SADLIER, *Cecília Meireles: Imagery in "Mar Absoluto."*

BEVERLY WEST, *Epic, Folk, and Christian Traditions in the "Poema de Fernán González."*

ROBERT A. DETWEILER AND SARA M. PUTZELL-KORAB, eds. *Crisis in the Humanities.*

JOAN CAMMARATA, *Mythological Themes in the Works of Garcilaso de la Vega.*

ERASMO GABRIELE GERATO, *Guido Gustavo Gozzano: A Literary Interpretation.*

141

MALCOLM K. READ, *The Birth and Death of Language: Spanish Literature and Linguistics: 1300–1700.*

TERRY SMILEY DOCK, *Women in the* Encyclopédie: A Compendium.